"中国劳模"系列丛书

U0726655

中国劳模

从麦田走来的箱包设计师
王海军

张若闲　陈胡永◎著

吉林出版集团股份有限公司
全国百佳图书出版单位

图书在版编目（CIP）数据

从麦田走来的箱包设计师：王海军 / 张若闲，陈胡永著. -- 长春：吉林出版集团股份有限公司，2024.3
（"中国劳模"系列丛书 / 徐强主编）
ISBN 978-7-5731-3240-6

Ⅰ.①从… Ⅱ.①张… ②陈… Ⅲ.①王海军－传记
Ⅳ.①K825.72

中国国家版本馆CIP数据核字（2024）第012198号

CONG MAITIAN ZOU LAI DE XIANGBAO SHEJI SHI: WANG HAIJUN
从麦田走来的箱包设计师：王海军

出 版 人	于　强	
主　　编	徐　强	
著　　者	张若闲　陈胡永	
组稿统筹	东北师范大学文学院创意写作研究中心	
责任编辑	宫志伟	
装帧设计	刘美丽	

出　　版　吉林出版集团股份有限公司
发　　行　吉林出版集团社科图书有限公司
地　　址　吉林省长春市南关区福祉大路5788号　邮编：130118
印　　刷　唐山富达印务有限公司
电　　话　0431-81629711（总编办）
抖 音 号　吉林出版集团社科图书有限公司　37009026326

开　　本　710 mm×1000 mm　1 / 16
印　　张　9
字　　数　95 千字
版　　次　2024 年 3 月第 1 版
印　　次　2024 年 3 月第 1 次印刷

书　　号　ISBN 978-7-5731-3240-6
定　　价　45.00 元

如有印装质量问题，请与市场营销中心联系调换。0431-81629729

序 言

　　劳动创造财富，劳动创造幸福，劳动创造未来。习近平总书记在2020年全国劳动模范和先进工作者表彰大会上的讲话中指出："全社会要崇尚劳动、见贤思齐，加大对劳动模范和先进工作者的宣传力度，讲好劳模故事、讲好劳动故事、讲好工匠故事，弘扬劳动最光荣、劳动最崇高、劳动最伟大、劳动最美丽的社会风尚。"当今世界，综合国力的竞争归根到底是科技人才和高素质劳动者的竞争。改革开放以来，我们强大的工人队伍用辛勤的劳动和拼搏奉献的精神推动中国制造、中国智造、中国创造走向世界的前列，新时代的中国面貌日新月异。大力弘扬劳模精神、劳动精神、工匠精神，加强高素质技能人才队伍建设，打造一支宏大的知识型、技能型、创新型劳动者队伍，是伟大时代赋予我们的历史责任。

　　劳动模范是民族的精英、人民的楷模，是共和国的功臣。自改革开放以来，广大职工勇立改革潮头，独立自主，奋发图强，勇于创新，其中涌现出一批批全国劳模和大国工匠。他们参与建设了代表中国高度、中国速度、中国深度的一系列重大工程，提升了国家实力，打造了"中国名片"，树立了"中国品牌"，增添了"中国力量"，充分释放出工人阶级的创新活力，展示出大国工匠的强大创造力。他们以工人阶级的满腔热忱在各自平凡的工作岗位上取得了辉煌的成绩，书写了新时代的壮丽篇章。

爱岗敬业、争创一流、艰苦奋斗、勇于创新、淡泊名利、甘于奉献的劳模精神，崇尚劳动、热爱劳动、辛勤劳动、诚实劳动的劳动精神和执着专注、精益求精、一丝不苟、追求卓越的工匠精神，是广大劳动群众在社会生产实践中锤炼形成的弥足珍贵的精神财富，是工人阶级伟大品格的具体体现，是民族精神和时代精神的生动诠释。民族复兴需要劳动模范，祖国强盛需要大国工匠，中国制造、中国智造、中国创造更需要大国工匠的强有力支撑。劳模、工匠等的成长故事、先进事迹中承载的劳模精神、劳动精神和工匠精神，是激励全国各族人民团结奋斗、勇往直前的强大精神力量。

"中国劳模"系列丛书，采用图文结合的方式，讲述全国劳模、大国工匠和先进工作者们的成长经历及他们追梦、筑梦、圆梦的故事，用他们在平凡岗位上创造不平凡业绩的真实故事感染读者，推动形成劳动最光荣、劳动最崇高、劳动最伟大、劳动最美丽的社会风尚，引导广大技术工人和青少年形成劳动光荣、技能宝贵、创造伟大的观念。

"匠心筑梦，强国有我。"新时代是一个万象更新、生机勃勃的时代，也是一个继往开来、创新创业和建功立业的大时代。希望广大读者能以劳动模范为榜样，以大国工匠为楷模，立志技能报国、技术强国，踔厉奋发，勇毅前行，锤炼思想品格，汲取劳动智慧，勇于担当、勤于钻研、甘于奉献，为推进新型工业化和乡村振兴，为加快建设制造强国、质量强国、航天强国、交通强国、网络强国、数字中国、农业强国，全面建设社会主义现代化国家贡献青春力量。

中华全国总工会副主席（兼）

中国航天科技集团有限公司第一研究院

211厂14车间高凤林班组组长

2022年11月

王海军，1975年生，山东诸城人，1999年毕业于青岛大学，后入职金猴集团威海皮具有限公司（金猴集团有限公司控股子公司），现任副总经理、高级技师。

王海军于2003年8月正式加入技术部门，成为一名设计师。2007年开始，多次参与国家级重大项目，率领技术团队开发了装备系列、救援系列、后勤保障系列等产品。王海军始终潜心研究技改，发明了快速穿拉链头法，改良了双面刷胶、背带自动翻转填充等技术，为公司创造了巨额收益。先后获得1项发明专利，19项实用新型专利，1项外观专利，15项荣誉称号。

2012年11月，王海军在首届中国优秀皮具设计师评选活动中成绩优异，荣获"中国优秀皮具设计师"称号；2015年11月，威海市总工会授予王海军同志"威海市金牌职工"称号；在2015年中国技能大赛——"中国箱包之都·白沟杯"全国首届皮具设计制作职业技能竞赛中，王海军被评为"优秀选手"；2017年4月，王海军被授予"威海工匠"荣誉称号；2019年12月，王海军创新工作室挂牌成立，他成为公司技术团队的主心骨；2020年11月，王海军荣获山东省轻纺行业全员创新竞赛"创新优秀职工奖"；2020年12月，山东省总工会公布王海军为第三届"齐鲁工匠"；2021年11月，威海市人力资源和社会保障局授予王海军同志"威海市有突出贡献的技师"荣誉称号；2021年12月，山东省总工会授予王海军同志山东省五一劳动奖章；2022年4月，鉴于王海军为国家作出的杰出贡献，中华全国总工会授予王海军同志全国五一劳动奖章。

工作二十多年来，王海军心怀感恩，淡泊名利，始终醉心于工作台前钻研技艺，多年如一日地走在技改与创新的路上。

目　录

第一章 童年色彩斑斓

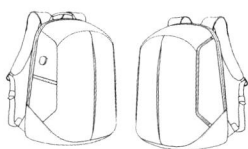

迷恋年画的少年

　　乡村仲夏的夜晚，月明如白昼，繁星如朝露。月光温柔地笼罩着乡间高大的梧桐树，茂密的树叶间流泻出金蝉跌宕起伏的多重奏。村庄东南角的那户农家小院里，柳叶暗影婆娑，一个父亲和他六岁的儿子躺在柳树下的竹床上乘凉。

　　小男孩挠挠宽宽的脑门，问道："爸爸，为什么我们的村子叫'饮马泉村'？我们村是养马、饮马的地方吗？"他眨巴着一双大眼睛，好奇地等待着答案。

　　父亲扬了扬眉毛，娓娓道来："相传，刘邦率领队伍行军打仗，走到这里正赶上炎热的夏天，战马口渴得无力行走，发出丧气的咴儿咴儿声。眼见战士和马都渴得不行了，刘邦无奈而又焦急地东张西望，荒郊野地无河无井，怎么办呢？难道活活等死吗？刘邦愁眉苦脸地用策马的鞭杆在一块草地上乱画乱刻，说也奇怪，画刻之处竟然渗出水来！刘邦惊喜万分，又用力地刻呀刻，奇迹出现了！清泉喷涌而出，泉水甘甜可口，战士和马匹咕嘟咕嘟地喝了个痛快。绝处逢生的刘邦旋即跳了起来，嗖嗖嗖地挥舞手中的利剑，仰天感叹'天助我也'。就这样，战士们经过短暂的休息后恢复了体力，雄赳赳气昂昂地出发了，后来打了胜仗，刘邦当上了皇帝。"

父亲讲得绘声绘色。小男孩不懂得刘邦建功立业的伟绩，他感兴趣的是用鞭杆就能从荒地上划出清泉，那根鞭杆仿佛是一支无所不能的神笔。

"刘邦走后，泉水长流不息。水源渐渐吸引了附近的老百姓前来居住，这里渐渐就成了一个村庄，并取名'饮马泉村'。我们村在泉水西侧，所以叫'西饮马泉村'，泉水东面的村庄叫'东饮马泉村'。"清风徐徐，伴随着爸爸讲故事的声音，儿子酣然入梦。

讲故事的人名叫王建秋，他生于1949年，与新中国同庚，父母是农民，在兄弟姐妹八人中排行老三。由于家庭贫困，王建秋没进过学堂。18岁那年，他参军去了福建，成为一名海军。部队利用业余时间给士兵授课。王建秋珍惜来之不易的学习机会，刻苦学习文化知识，获得了初中文凭。20岁时光荣地加入了中国共产党，投进党组织的怀抱。

参军时，清瘦的王建秋身穿白底蓝边的海军服装，头戴洁白的海军帽，深蓝色的帽檐上标有"中国人民解放军海军"字样，帽子后面有两条一尺长的深蓝色飘带。他昂首挺胸地站立在舰艇的甲板前，巡视着东南海域的安全情况，帽子后面的飘带随风飘动。

这一年，王建秋被派到山区挖孔道。山洞昏暗狭窄，凿石打孔主要依靠人力。某天，他用大铁锤猛力砸洞内的石壁时，意外地出现了小范围的塌方，因躲闪不及，他被落下的大石块砸伤了腰。住院疗养好腰伤后，王建秋又回到山区继续工作。他吃苦耐劳的精神受到了部队的嘉奖。

七年的海军生涯，磨炼出王建秋的铮铮铁骨。退役后的王建秋回到故乡——山东省诸城市辛兴镇西饮马泉村，做了个普通农民，日出而作，日落而息。后来，家人张罗着为他说亲，几个月后，25岁的王建秋就和比自己小两岁的邻村姑娘刘桂花喜结良缘。

20世纪七八十年代的西饮马泉村以农业生产为主。村庄附近的平原一望无际，他们在六亩肥沃的庄稼地里春耕秋收，四季劳作。

柴米油盐虽艰辛，人间烟火也有趣。

家里的农活儿、重活儿，王建秋总是抢着干，亲朋近邻喊他帮忙，他几乎是有求必应。他的丈母娘常絮叨他"傻气"，整日沉默寡言的，只知道干活儿，好像不知道累似的。村庄里的长辈们聊起王建秋，都会说"这个人太能干了"。

王建秋的个头儿不高，身材偏瘦，却不辞劳苦扛起生活的重担。他走路时，总是挺直脊背，眼睛直视前方。

1975年12月31日，王建秋和刘桂花的儿子在饮马泉村出生了。王建秋把自己对部队深入骨髓的情怀寄托在儿子身上，给儿子取名叫王海军。他希望儿子长大后能具有军人那样坚韧不拔的意志，成为栋梁之材。

刘桂花在家排行老大，打小儿住在外婆家的王海军得到舅舅和姨妈们的宠爱。

风和日暖的天气，刘桂花就带上儿子到田野间玩耍。酒红色的高粱、金黄色的麦穗、青绿色的玉米……一年四季丰富多彩的景色伴随着王海军渐渐长大，淳朴明艳的乡间风情让王海军养成了单纯热忱的品性。

王海军平日遇到想不通的问题就去问父亲王建秋，王建秋则尽自己最大的能力来回复儿子，他的语言表达或许有些粗浅，但是却满足了王海军的好奇心，保护了孩子珍贵的想象力，这不也是难能可贵的启蒙教育吗？

饮马泉村距离城市较远，村里的孩子没有什么像样的玩具，有些手巧的长辈会用桃木雕刻成手枪给男孩儿们玩儿，而年龄稍大点儿的男孩儿，便会用自行车的旧链条做"洋火枪"。当然，除了玩具，孩子们最盼望的还是过年，因为父母能带着他们到集市上买东西。七八岁的王海军和其他孩子一样盼望过年，只不过他盼望的不是好吃的零食、好看的新衣或者好玩儿的玩具，而是漂亮的年画。

春节到来前，村里人都要到镇上赶集置办年货。王建秋一家也不例外，待王建秋买完鞭炮、肉和布料后，王海军就拽着王建秋的手来到卖年画的地摊前。几根长长的麻绳上悬挂着对联、福字，地上则摆着各式各样的年画，有财神送宝图，有福禄门神图，还有杨子荣智取威虎山图，以及一些讲述传统民间故事的图画书……图画书，王海军是不敢奢求的，他只是再三央求父亲给他买几张年画。

那时，王建秋家中只有二间泥土房，屋顶是用陈年的麦秸秆铺盖的，窗户是木头的。寒冬腊月天，也只是在木窗格上糊几层纸为室内保暖。

王建秋平时省吃俭用，不舍得乱花一分钱，但是看到儿子渴求的眼神，便小声说：“好吧，那就买一张。”王建秋尊重儿子的爱好，他知道儿子喜欢看画，喜欢画画，所以即便心疼钱，也还是答应了儿子的央求。王海军高兴得手舞足蹈，精挑细选出一张自己最喜欢的人物画。

大年三十，家家户户的正门上都贴着喜庆的大红色对联，而王海军的卧室里还贴着去年的年画，那张年画还很新，王海军舍不得扔，于是小心翼翼地揭下旧画存放起来，再兴致勃勃地换上新画。

热闹的正月，四面八方传来了噼里啪啦的鞭炮声，孩子们沉浸在欢快的节日气氛中，他们穿上新衣，带上新玩具，房前屋后地追跑嬉戏。王海军吃完团圆饭，便独自走进卧室，坐在木桌边，静静地托着腮欣赏着年画，看了一会儿，王海军还是觉得不过瘾，于是拿出纸笔模仿着画起来。他对人物的衣着服饰尤其感兴趣，对自己描摹的"作品"也很满意。

时光流逝，去年的年画总是完好如初，新年的年画也总是"如约而至"。这年画虽然很便宜，但却给王海军带来了难以言表的乐趣，让他在清贫的家庭环境中，感受到父母的关爱与尊重，让他能够接触到朴素的艺术形式，体味到难得的审美气息。

王海军8岁那年，母亲刘桂花心疼儿子身单体弱，想等来年再让他入学。等到了第二年，村庄里的入学儿童太少，学校停招一年。所以直到10岁，王海军才在饮马泉小学报上名。交完几元钱的书本费后，王海军就成了一名一年级小学生，但他平时仍住在外婆家。

刘桂花经常对儿子说："我小时候很想上学，可是家里条件差，你姥姥不让去。结果现在我不识字，出门办事两眼一抹黑，真是吃了一辈子没文化的苦。儿子，你一定要好好上学，只要你想上学，我们砸锅卖铁也供你。"王海军的年龄比同学稍大一些，心智也成熟一些，他能够理解父母的苦心，所以下定决心要学出个样子来。

饮马泉小学共有五个年级，一个年级一个班，一个班二十几个学生，每个班级有两位老师，分别教语文和数学。放学后，学校的男生三五成群地在外面玩耍打闹，一起丢沙包，滚钢圈，用泥巴捏老虎，骑着扫帚打枪战，一直玩到太阳落山才肯回家吃晚饭。

王海军则不然，他放学后总是径直回姥姥家做功课。姥姥家的墙壁上也贴着些漂亮的年画。王海军写完作业，就趴在写字桌上，出神地盯着墙壁上的年画，看啊，瞅啊，胖嘟嘟的娃娃憨态可掬，怀抱一条红色的大鲤鱼；笑嘻嘻的老寿星神采奕奕，比碗大的仙桃红彤彤的……画中的景致让他浮想联翩，手中的笔也情不自禁地流出了一道道稚嫩的线条。

闲适惬意的时光总是很短暂，每年一到农忙时节，王海军放了学就要和大人们一样下地割麦子、掰玉米……繁重的农活儿对于身体瘦弱的王海军来说实在是过于繁重了，这让他苦不堪言，于是从这时起，王海军希望自己将来能过上另一种生活。

埋下当设计师的种子

一

王海军姥姥家附近有个远房亲戚，按辈分王海军该称呼她小姨。小姨买了一台脚踏缝纫机和一张桌子，放在一间不大的平房里，为本村的人缝制衣服。

一有空，王海军就会跑到小姨家看她做衣服。她手握竹尺，在大块布料上用服装画粉画线条，然后用裁缝剪刀沿线裁剪，最后再用缝纫机将各个部位缝合在 起，这样一件中山装就成型了。

"要是有一天，我也能做出一件有模有样的衣服就好了！"

身材瘦小的少年郎看着裁缝熟练的动作，心里十分向往。来自心灵深处的声音在王海军的内心回响：长大后我要做衣服，要成为一名设计师！一个纯真的梦想，就此埋在心底，在偏僻的村庄落地生根。也许，王海军自己也没想到，在饮马泉村这片"神奇"的大地上，几十年后，真的出现了一位设计师，他用画笔为奔波的人们画出一件件可心的行囊。

王海军是这样想的，也是这样做的，所以一回到家他就缠着母亲，要跟母亲学习钉扣子和缝补衣服。

刘桂花笑着问："你一个男孩子，学做针线活儿，想干吗？"

"我要学做衣服，长大做设计师。"王海军直截了当地回答。

"服装设计师？好！"刘桂花不善言辞，但她的一声好胜过千言万语，这是母亲对儿子梦想的接纳。

自那以后，一有空闲，刘桂花就拿出针线盒、旧衣服、碎布条，一针一线地教儿子做手工活儿。

橘红色的夕阳射出万丈光芒，木头针线盒散发出潮湿的水草香，打过补丁的旧衣服摸起来很粗糙……刘桂花娘儿俩坐在矮板凳上，你穿针引线，我挑选布料，你一言我一语地教与学。

褴褛衣衫经过缝补又可以穿一段时日。"新三年，旧三年，缝缝补补又三年"，20世纪六七十年代的歌谣，唱出了农村人的俭朴与节约。

做活儿的间隙，王海军瞧见母亲疲惫的容颜、黢黑骨瘦的双手，心想：等到学会做衣服了，第一件事就是要为母亲做衣裳，让母亲穿上合体好看的衣裳，把母亲打扮得好看些。

半年的光景，王海军学会了钉纽扣、改裤脚等简单的缝补活计。

二

王建秋的卧室内放着一个神秘的大木箱，他不允许其他人随便打开。可越是这样，王海军就越是想要见识见识这木箱子里究竟有什么宝贝。有一次，他偷偷打开木箱，见里面的东西摆放得整整齐齐，有穿过的军装、崭新的《毛主席语录》、部队颁发的英雄牌钢笔、珍藏着战友照片的相册以及王建秋的嘉奖证书……最让王海军感兴趣的是那顶别致的海军帽，海军帽的后面比一般军帽的后面多了两条长长的飘带，那飘带就像两根"小辫子"。王海军一边捋着飘带一边歪着脑袋胡乱地猜想着飘带的作用。

正当他看得津津有味的时候，王建秋回来了。王海军不知所措，怔在那里，他看爸爸并没有要责骂他的意思，于是指了指堆在地上的东西，吐了吐舌头。

王建秋把堆在地上的东西一件一件放回箱子，最后抚摸着嘉奖证书，拍拍儿子的脊背，说道："好好学习，踏踏实实做事，荣誉是干出来的，要把荣誉当成激励。"

王建秋平时不善言辞，但这几句话却让王海军钦佩不已。可王海军还是想不明白这海军帽上为什么要多出两条飘带，于是忍不住问爸爸："你的那顶海军帽上，为什么会多出两条长带子？"

爸爸把大手搭在海军的小肩膀上，回答说："我们站在船只的甲板上，帽子很容易被海风吹跑，当风较大的时候，我们将两根飘带系在脑门上，能够固定帽子。还有，它们可以用来测算风速和风向，帮助我们判断海上风浪的情况。虽然现在气象预报已经很准确了，但这种式样仍然被保留了下来。"

王海军听完后感到真是不可思议，小小的飘带居然能起那么大的作用！

从此，他对习以为常的树木花草、石桥古井，甚至锅碗瓢盆都会多加思考，都会想想那些小设计的作用。

三

王海军墙上的年画更换了五次，王海军也读到了五年级。

这一天，在语文课上，王海军不知不觉地沉浸于信手涂鸦中，这时突然听到教语文的王老师喊他起来回答问题，他顿时发蒙，不知所措。他以为会被王老师严厉地批评，没想到王老师只是提醒他上课要专心听课。下课后，王老师把王海军叫到办公室。

"你很喜欢画画？"王老师试探地问道。

"嗯。"王海军羞涩地点点头。

⊙ 1989年7月，饮马泉小学毕业照（最后排左三为王海军）

"喜爱画画值得表扬。不过，各科学习是互通的，只有专心学好文化课，你的特长才能发挥出来。"

王老师的话点醒了懵懂的王海军：注重文化课的学习，才能顺利完成学业。

15岁时，王海军从五年制的饮马泉小学毕业了。

那集市上的年画，那裁缝踩的缝纫机，还有妈妈手中的碎布头……构成了王海军童年斑斓的记忆，交织成天真的童话故事，奠定了王海军一生的艺术基调。

饮马泉村没有中学。1989年9月，王海军到辛兴镇读初中，学制四年。

王海军和同村的同学每天骑自行车去五公里外的镇上读初中。初中不像小学，除了有语文、数学、地理、生物、化学等学科，还有音乐、美术课，除此之外，学校还开设了美术专业的学习班。

课间休息时，王海军经常溜到美术专业教室窗边，观望高年级的同学用多种型号的铅笔画出逼真的素描头像，用粗细不同的毛笔绘出惟妙惟肖的静物，他多想像大哥哥大姐姐那样拿着画笔好好地学习画画呀！

可当时辛兴镇初级中学的升学率只有40，为了完成给母亲和自己的承诺，王海军争分夺秒，抓紧时间学习文化课，1993年6

⊙ 1991年9月，辛兴镇初级中学班级合影（第三排右四为王海军）

月他顺利地考上了诸城市第六中学，然而人生的第一个选择来到了王海军的面前。

四

七八月份，炙热的太阳烘烤着大地，王建秋和刘桂花为了给儿子攒学费，起早贪黑地干农活儿，每天挥汗如雨。瘦削的王建秋被重担压弯了脊背。

黄昏，刘桂花从田地里回来，疲劳地席地而坐，背靠着厨房的外墙，手里拿块干馒头就着凉水吃，一顿饭就算对付过去了。夕阳透过紫红色的残霞照射着破旧的房屋，屋檐下被拉扯得细细长长的背影，逐渐被夜色吞食。

这一天，王海军的舅舅告诉王建秋和刘桂花，诸城市润生淀粉厂来镇上招工。当时乡镇的工厂少，淀粉厂的生意好，而且工人都是按月拿工资，日子可比农民轻松多了。

于是王建秋小声地询问儿子："海军，你愿不愿意去工厂上班？"

刘桂花坐在一旁，缄默不语。知子莫如母，母亲知道儿子的想法——王海军想走艺术生的路子上大学。但是，上大学，特别是走艺术生的路，需要一笔不小的开支。

看到父母那么辛苦，王海军于心不忍。但是，他也渴望读书，渴望有朝一日能天天作画、搞设计，魂牵梦萦的美梦让他欲罢不能。

"爸爸妈妈，我知道你们很辛苦。"王海军哽咽着说。19岁的王海军，个头不高，宽宽的额头，下颌宽平，五官端正，眼神冷静地直视前方："但我不想去工厂上班，我想继续上学，想读书。"

王建秋仰起头，深深地叹口气："那你安心读书吧，我们供得起。"

刘桂花也提高了嗓门："好好读书，考大学，其他的你不用想了！"

就这样，王建秋和刘桂花在地里辛勤地耕耘着，他们天天和农活儿打交道，一日不得清闲。他们把对儿子的爱与期望种进了饮马泉村的土地里，希冀有一天能结出硕果……

第二章　艺术青春显才华

做一名特长生

凉爽的风终于吹进了金黄的麦田，村民们提着镰刀哼着小曲庆祝丰收。

王海军离开了村庄，到20公里开外的诸城市第六中学读高中，每周末回家。

诸城六中开设了美术特长班，王海军与父母商量后选择了走美术专业的道路，遂了儿时的心愿。特长班有十来个学生，平时以文化课为主，一周上两次专业课，寒暑假集中上课。

教专业课的两位任课老师是王希元和他的妻子傅雷芬。王老师1984年毕业于青岛大学，毕业后担任青岛大学讲师，后下海成立富源美术学校，培训美术专业学生。教学中，他严格训练学生，培养他们练就扎实的绘画功底。

美术课上，老师在桌子上摆放着石膏、静物等，让学生对照着画。在人物素描课上，几个学生轮流当模特让大家练习。

寒假的时候，两位老师也会给学生们布置作业，要求学生每

⊙ 1994年4月，诸城六中班级合影（最后排左五为王海军）

天依照画册临摹水粉画，图案基本上都是些苹果、梨、玻璃杯、罐子等静物。有些同学见内容简单，便认为老师不会挨个儿检查作业，自己不妨趁机好好玩几天，而王海军则不然，他喜欢临摹，假期每天"刻意求工"，一笔一线地按照老师的布置进行临摹。这样的集中临摹使王海军的绘画技能大有长进。

开学后，两位老师极其认真地对每份作业进行了修改、点评，并且表扬了王海军等认真对待作业的同学。

王老师语重心长地强调："坚持临摹有助于全面了解各种绘画技巧，能够快速提高绘画水平。勤能补拙，熟能生巧，巧能生精。学美术，要有天分，更需要努力。"

两位老师严厉地批评了敷衍了事的学生，告诫他们不要偷奸耍滑，天赋代替不了努力。

就这样，王海军遵照着老师们的叮嘱，勤勤恳恳地练习，一丝不苟地作画。很快，高中的时间就过去了。

那时，美术特长生没有省联考，只有单独的校考，学生在校考前就要选定院校和专业。于是，在填报志愿前，两位美术老师为同学们详细地介绍了各个专业，比如艺术设计、环境设计、产品设计、服装设计、工业设计、包装设计等，并且询问了每个同学的兴趣爱好和将来的职业规划。

王海军告诉老师，他从小就想当服装设计师，所以想选服装设计专业。

老师告诉他："服装设计属于工艺美术范畴，要将实用性和艺术性相结合。需要根据设计对象的要求进行构思，并绘制出平面图、效果图，再根据图纸进行加工制作，完成设计的全过程。社会经济在发展，老百姓对服装更讲究了，这个专业的就业前景不错。"

通过老师的分析，王海军对服装设计专业有了全新的认知：服装设计，顾名思义是设计服装款式的行业，不仅能解决生活中基本的穿着问题，而且是富有计划的创造性行为，具有实用性的艺术审美价值。儿时见到的朴拙的制衣方法，只是个人自给自足式的做工，谈不上专业。大学才是学有所长、术有专攻的殿堂。

王海军喜爱美的事物，他要寻找美、发现美、创造美，最后成为设计美的专业人才，这个意向在高考前夕更加轮廓分明了。

1996年2月，王海军参加美术特长生校考时，第一志愿填报了心中向往的天津纺织工学院（现为天津工业大学），考试科目有水粉画、服装设计效果图。该校的设计专业在国内名列前茅，对学生的专业课成绩要求极高。王海军第一年没能如愿，他想来年再试一次。

第二年，王海军的第一志愿再次填报了天津纺织工学院，专业课过线了，文化课却以一分之差与心目中的理想院校失之交臂了。不过，失之东隅，收之桑榆，王海军被第二志愿——青岛大学专科院校服装艺术设计专业录取了，青岛大学的这个专业在国内同类院校中的排名也是很靠前的。

所以，对王海军来说，奋斗过的青春，他了无遗憾。

饮马泉村的树木枝繁叶茂，倒映在淡绿色的河水中，河面微波粼粼，偶有一条小鱼跃出河面。

1997年8月初，青岛大学的录取通知书寄到了王海军的家中。

王建秋使劲儿搓了搓手，从邮递员手中接过通知书，摊开，捧在掌心，逐字逐句地念着。刘桂花则闭着眼侧耳细听。

王建秋深情地看着儿子："海军，马上你就要去读大学了……"

"小时候你就想做衣服，现在好了，到了大学有学问深的老师能教你了。"刘桂花既欣慰又不安，于是接着嘱咐道，"自个儿在外面多注意，要吃饱穿暖，别太累了。"

懒洋洋的微风，夹杂着荷叶的清香，沁人心脾。傍晚，橘红色的夕阳前来问候屋前的梧桐树，树荫下树枝间的蝉鸣久唱不绝，振动的薄翅上光影闪烁。劳累了半辈子的王建秋和刘桂花，此刻坐在庭院的竹席上，脸上洋溢着幸福。

距离诸城350公里的青岛市正在向王海军招手，那里的海浪日夜翻滚涌叠，吟诵着壮美的诗歌。

王海军迫不及待地盼望着开学，他想亲眼去看一看那传说中无边无垠的大海，去享受一下那自由的大学生活。

学有所成

9月份的饮马泉村，秋麦成熟，高粱红透，大豆圆鼓鼓的，村里的老少爷们儿在田地间弯腰挥镰忙于秋收。而王海军则要告别乡村，去经历一段新的人生历程。王建秋和刘桂花很少出远门，便由王海军的小舅送他去学校。王海军拎着一个大帆布袋，和小舅坐上大巴车出发了。车子启动后，王海军从车窗探出头回望着父母，父母则在飞扬的尘土中不停地向王海军挥着手，向这个从麦田走出来的大学生告别。

青岛市的建筑错落有致，万里无云的天空与无边无际的大海相互映衬，景色宜人。

青岛大学包括金家岭校区、浮山校区和松山校区。王海军来到的是种满海棠树的浮山校区。校区地处青岛市南区和崂山区交界处，校园临近黄海，北依浮山，四季草木葱茏。

青岛大学是山东省内重点学府，一直倡导学术包容，希望汲取多样文化，传承人类文明，探索人文真谛和自然真理，进而承担社会责任，为国家培养引领社会发展和文明进步的高素质人才。

学校南边是大麦岛村，村庄始建于明初，历史悠久。村里自发成立的"香火会""同乐会"，逢年过节都会表演《美猴王》《白蛇传》等经典戏剧，或者是安排一些大秧歌、腰鼓、彩车巡游等民间风俗活动。

学校的宿舍楼虽不临海，但王海军倚坐在宿舍的小床边，就能从窗口瞭望大海。真实的大海近在眼前，海面广袤无垠，波浪起伏，海水的颜色浓淡交错，天地之间毫无遮拦，天那么高，海那么远。夜晚，海浪激溅扑岸，涛声富有节奏感，在海边行走的人们仿佛有一种在无边无际的天地间"随波逐流"的感觉。

开学第一天，同学们早早地来到教室，教室里有一位年轻的名为尼梅颉的老师，她刚从青岛大学毕业，留校担任王海军这届的政治辅导员。尼老师带领同学们参观校园，介绍大学的规章制度，并让来自四面八方的同学自我介绍，互相认识。

她告知新生们军训的时间以及训前的准备，着重强调了军训的意义：军训能让人掌握基本的军事知识和技能，能增强大家的组织纪律性，能让大家养成良好的学风和生活作风，这样今后遇到困难、挫折和考验就能以平常心对待。她同时提醒同学们，作为一名大学生，要有政治觉悟，要有爱国热情……

尼老师微笑着说："我从学生到老师，责任发生了变化。我的职责就是做你们大学时期的领路人。你们的学习永远在路上，记得始终要有颗单纯的利他之心；对于别人给予自己的帮助，要懂得感恩和学会表达谢意。人生只存在拼出来的美丽，没有等出来的荣耀。"

王海军把这句言辞恳切而又行之弥艰的济世观牢牢地记在心里，作为漫长人生的处世格言。

军训期间，王海军穿着军装，腰板笔直，下颌稍扬，既有几分父亲青年时的英气，又多了几分书生的清秀。看到军训的教官，王海军想起了父亲，不由得心生敬佩之情。军令如山，即便是服从教官的命令，也有一种使命感和自豪感。

军训结束后，王海军和几位同学相约来到学校附近的石老人海水浴场。

湛蓝的天空万里无云，意气风发的大学生们赤脚奔跑在松软的沙滩上，腾空跳跃打排球，豪迈地歌唱Beyond乐队的《海阔天空》："多少次／迎着冷眼与嘲笑／从没有放弃过心中的理想……也会怕有一天会跌倒／背弃了理想／谁人都可以／哪会怕有一天只你共我……"自由不羁的歌声冲破九重云霄。

海水浴场西北方向，距离岸边不远处矗立着一块百米高的石柱，形如遥望着大海深处的孤独老人，人们称之为"石老人"。相传几百年前，崂山脚下住着一位勤劳善良的渔民，他与聪慧美丽的女儿牡丹相依为命。不料，有一天牡丹外出游玩时，被龙太子看上，龙太子求亲未果，便把牡丹抢进龙宫。渔民日夜呼唤女儿归来，直盼到两鬓斑白，变成弓腰驼背的老人，仍然执着地天天呼唤女儿的名字。他的喊声激怒了龙王，有次趁老人托腮凝神之际，龙王施展魔法将他化成僵石。牡丹得知消息，悲痛欲绝，向变成石头的父亲奔去，头上的插花被吹落到海岛上，扎根生长，从而使长门岩、大管岛上长满了四季常青的耐冬花。当牡丹走到崂山附近时，龙王再施魔法，把她也化作巨礁，定在原地。从此，父女俩只能隔海相望，永难相聚，这块巨礁便被称作"女儿岛"。

"瞻彼日月，悠悠我思。道之云远，曷云能来？"

沧海桑田，父慈子孝的故事代代相传。"石老人"的故事勾起了王海军的思乡之情。王海军敬佩自己的父亲，他当过兵，吃苦耐劳、坚韧不拔的性格深深地感染着、影响着自己。王海军单膝跪地，双手捧起一捧海水，探出鼻尖嗅嗅，伸出舌尖尝尝，海水咸咸的、苦苦的。

明净的海滩，唯美得像一首诗篇，让人百读不厌。

王海军后来回忆说："毕业十年后，我们再次回到校园参加大学同学聚会。原来的大麦岛村已经拆迁，取而代之的是林立的高楼建筑，曾经静卧一处的沙滩变成了远近闻名的海上乐园。青春时期的美好回忆被海风吹散了，唯有永久伫立在大海之中的石老人，天长地久地见证真情永存。"

王海军在大学最大的收获就是接受了全面系统的专业课教育。除了语文、英语、政治等少数基础课程，其余的全是服装设计专业课：素描、色彩、服装工艺、服装结构、服装材料学、服装画技法、平面构成、服装设计、外国服装史、服装心理学、生产工艺、服饰图案、服装机械等。

专业课老师秦德清是香港理工大学的硕士研究生，教授服装设计这门课。第一次走进教室时，她身穿得体高雅的套裙，像位电视台的主持人。讲课时她风趣幽默，侃侃而谈，常常借用各种图形启发学生思维，激发学生的创意，又向学生们强调要把握住主题，设计必须主次分明。

名牌大学出身的教师团队，位于时代前沿的艺术理论和丰富的写生活动，使王海军的眼界渐渐扩大开来，令他陶醉于专业知识的海洋。

大学生之间的竞争悄无声息。

这里汇聚了来自全国各地的优秀学子，每个学生都才华横溢。大一下学期，随着专业理论知识不断加深，王海军突然感觉无所适从。一次，秦德清老师布置了一份效果图作业，要求图案设计要有视觉冲击效果。班级里的其他同学很快就能完成设计作业，而他面对空白的纸张，灵感迟迟不来，脑海中模糊的图形还未付诸笔端就消失得无影无踪。向来自信的他一筹莫展，陷入低迷状态。看到同学们信心满满的样子，他深深地质疑自己：专业方向选对了吗？儿时的梦想值得坚持吗？我真的能做好设计吗？

王海军像他的父亲，性情内敛，不轻易向他人表达心事。初春，他独自在海边徘徊，海浪呼号。王海军想起父亲，想起那顶海军帽上的两条细长的飘带。灵感来源于生活。王海军四处走走看看，渐渐放松自己，置身于姿态万千的美景，如梦初醒。王海军迸发出久违的灵感，手绘出效果图，十分抓人眼球。

秦老师在班级大大称赞了这幅作品："王海军同学抓住了设计中最核心的'点'，内外造型协调一致，风格突出。"

服装造型设计分为外造型和内造型，外造型是指服装的轮廓，是设计的主体；内造型是指服装内部的细节。设计过程中，要从整体外观风格特征出发，设计内部细节样式，内外造型要相辅相成。

秦老师热情洋溢地说："做设计，需要眼高和手高。'眼高'，指眼界和认知，要能够了解市场流行趋势和产品上市销售的前景；'手高'是制作产品的动手能力，尤其要在平凡的事物

⊙ 1997年，王海军在青岛大学和同学合影（最后排左四为王海军）

中捕捉到有趣、有价值的元素，让它们成为设计的灵魂。"

"王海军，你能行，一定行！你的未来可期！"秦老师在讲台前竖起大拇指。

秦老师的点拨让王海军醍醐灌顶："设计一件好的作品，要确定你的突出点是什么，把你的中心意图表达出来。"这是设计的灵魂，是每件作品都能散发出的"人格"精髓。

课堂内领略名师风采，课堂外与同窗交流学问，如此精深的专业学习，让王海军对设计有了深入的感悟和思考，对设计的兴趣也越发浓厚。

在青岛大学，王海军不仅习得了深厚的专业技艺，而且培养了难能可贵的利他品德。王海军把利他的思想融入作品设计中去，力求每件作品既要表现出设计师的才华，又要展现出衣服主人的风范。这种理念赋予他源源不断的能量，让他在设计之路上不懈地探索与创新，赋予每件作品不同的理念。

王海军自幼与美术结下不解之缘，依靠勤奋与天赋，一步一步走出了属于自己的人生道路。大学毕业前，一家名企向王海军抛出了橄榄枝。24岁的王海军，斗志昂扬地启程，踏上了设计师之路。

第三章　事业与爱同行

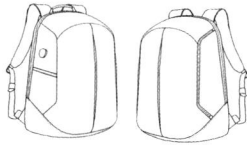

车间实习

大学时光短暂而充实。两年前，他以第一名的成绩考入青岛大学；毕业时，他是老师和同学公认的佼佼者。

王海军在高校汲取了充足的艺术养分，具备了基本的专业素养，学有所成。他希望走上工作岗位施展才华，让父母放下悬着的心。

1999年5月，青岛大学举办人才招聘会，上百家招聘单位虚位以待，数千名应聘者穿梭其间。王海军在拥挤的招聘现场走走停停，不时地翻阅各个单位的宣传册。忽然，他的眼前一亮，看见一个印有孙悟空形象的宣传招牌——这是金猴集团的宣传招牌。

金猴集团始建于1951年，最开始叫威海市新生皮革生产合作社，主要生产皮鞋。后来，生产规模逐渐扩大，产品种类持续增加，皮具箱包、服装等都在其生产之列，1996年单位更名为威海市金猴集团公司，1998年改制为威海市金猴集团有限责任公司。

2000年前后金猴集团迅速发展，在全国声誉日隆，"穿金猴皮鞋，走金光大道"的广告语可谓是家喻户晓。

王海军被熟悉的"美猴王"形象吸引了，他连忙询问金猴集团的招聘人员招聘职位和要求是什么，结果发现他们要招聘的是箱包设计师。王海军心里想服装设计师是发现美、创造美的职业，箱包设计师不也一样吗？许多成功人士的职业与所学的专业也是有出入的，他们从零做起，照样能干出一番成就。况且，服装设计专业里的课程知识大多还是适用于箱包设计的。金猴集团实力那么雄厚，一定能给员工提供广阔的发展空间。当梦想之光照进现实，何必拘泥于固定的专业呢？

想到这里，王海军果断地递上简历。

"我想应聘你们单位的箱包设计师职位。"王海军脸颊泛红，鼓足勇气说。

金猴集团负责招聘的经理和企管部部长一边询问王海军的职业规划，一边翻看王海军设计的作品。通过简单的了解，他们十分欣赏这位相貌端正、灵气十足的大学生，表示欢迎他加入金猴集团大家庭。

就这样，1999年7月，王海军大学毕业，入职金猴集团。

金猴集团的所在地威海市濒临黄海，四季花潮更迭，花卉如海，享有"花园城市"的美誉。金猴集团的办公楼面朝大海，观海听涛，仿佛伫立在天地之间与海神对话。这里寄托着王海军对艺术、对梦想的全部期待。从此，这座干净、宁静的城市和金猴集团，成为王海军放飞梦想的地方。

尽管箱包设计对于王海军而言是个陌生的领域，但他仍踌躇满志，想尽快有所作为。然而，公司有规定，新入职的人员，无论学历高低、以后担任什么职务，都会被统一安排先下车间实习半年，熟悉每个车间的工艺流程。

经过了解，王海军知道了箱包生产需要经过设计图稿、制作样板、下料、缝制、包装等流程。按照工艺流程，实习生先后要到下料车间、缝制车间、内销车间、包装车间实习。

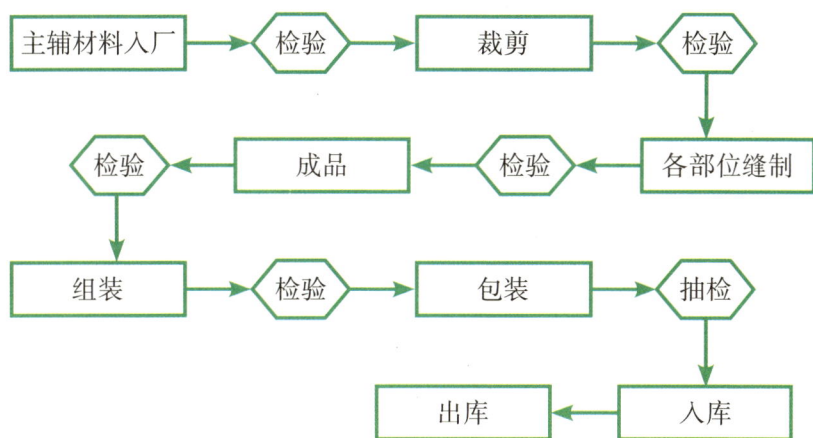

箱包生产流程图

王海军第一个实习的地点是下料车间（裁剪主辅材料的地方）。下料是指确定制作某个设备或产品所需的材料形状、数量或质量后，从整个或整批材料中取下一定形状、数量和质量的材料的操作过程。

王海军和另一位实习生（也是王海军的大学同学）在下料车间的第一个任务就是给皮毛包下料。皮毛包用的是较长的人造皮毛做原料。人造毛的主要制造方法是针织，梳理机器把毛条分散成单纤维状，织针抓取纤维后套入底纱编织成圈，由于绒毛在线圈中呈"V"形，针织底布具有定型的作用，不至于脱毛，所以人工方法制作成的仿兽毛皮，反面没有绒毛。实习生们把面料的反面铺在地上，先按样板画下来，再用服装大剪刀沿线裁剪。

7月份的天气炎热，车间里不许开风扇，以免将裁掉的绒毛吹得四处飞散。在下料车间半天下来，员工们的脸上、胳膊上、衣服上都沾满了长毛。原先干净利索的几个年轻人都变成了"毛孩儿"，分不清谁是谁……就这样，王海军他们两个人用了三天时间才剪完这批毛料，而这些活儿要是放在老师傅们手里，一个人不一会儿的工夫就能做完。

剪完毛料的王海军一方面感觉有点儿委屈：大学生还要做这样基础和琐碎的工作？再加上车间有些脏乱的工作环境与自己理想中那宽敞整洁的办公室相去甚远。另一方面，他也有些羞愧：

曾经在象牙塔里"眼高手高"的大学生，在车间里却"眼低手低"，他们缺少辨识材料优劣的眼力，更欠缺动手实战的技艺。

老师傅们在下料裁皮这道工序中常常要使用钢纸板（比较硬的纸板）和小锯刀①。他们的工作台是一张大桌子，桌子上面铺一块和桌面同等厚度的玻璃，然后把牛皮放在玻璃上，人站在桌边，用小锯刀在牛皮上飞快地裁割。不管是规则的形状还是不规则的形状，师傅们都游刃有余，裁出的皮样形态规整。裁皮过程中，他们争分夺秒地工作，只有在小锯刀变钝的时候，才坐在矮凳子上，利用磨刀的间隙稍事休息。

王海军看到老师傅们做活儿感觉很简单，但轮到自己上手时，就感觉小刀和牛皮都不听使唤，不但裁切的速度特别慢，裁出来的样品边缘线还参差不齐。裁皮工序很辛苦，需要一手按住面料，一手执刀，为避免出现丝毫偏差，注意力要高度集中，长时间垂颈猫腰地站立，片刻的工夫就累得人腰肩酸痛。

看到王海军没掌握要领，老师傅们纷纷上前传授技巧：要以拇指、食指和中指关节用力握刀，切割直线时手掌要与手腕持平；切割弧线时，手腕抬高；切割角度线时，手腕和手掌立起，与桌面形成一定的角度，方便用力。但不管采用哪种姿势握刀，

---

① 小锯刀：将小钢锯条截成10厘米左右，一端用皮子缠绕包裹好握在手心，一面用砂石磨成锋利的刀刃用于裁皮。

都必须保持姿势的稳定性，确保使用小锯刀的手指能够持续而稳定地用力，不至于使刀口由于力度大小不一而发生歪斜。切割皮料时，刀片应始终垂直于面料，刀身则可根据用力大小向上提或向下降。

只有练好刀工才能顺利裁皮。王海军在下料车间坚持练习小锯刀的使用方法，渐渐掌握了用刀技巧，学会了裁皮。

剪裁好的面料还需铲皮，即按照工艺要求，利用机器设备把较厚的皮革材料的边缘处理薄，方便这些部位进行后续的上胶、折边和包边等工序。完成包边后就需要对皮料进行烫印。烫印主要是把铜模用设备加热后，将预设的商标和图案烙印在牛皮上。

就这样，王海军在下料车间实习了两个月，学会了裁皮、铲皮、烫印等手工艺技巧。

粗活儿做细，工人才不至于徒劳无功，商品才有分量——王海军收获了人生第一份工作经验。

王海军实习的下一站是缝制车间。缝制车间里有电脑平车缝纫机（平车）、横筒包边机（高车）、电脑同步机（同步车）、电脑花样机等。首先，新手们需要使用废弃面料练习操作平车缝纫机。王海军在大学里接触过的服装缝纫机在工作原理、针头数量、精度要求等方面与这里的缝纫机有很大区别。

王海军坐在比较容易操作的平车前手忙脚乱，根本无法控制机器。质检部苗部长看到王海军着急的样子，走到他跟前，边说边做示范："脚放在踏板中间位置，双脚压下，抬起，再落下，再抬起，像踩踏节拍那样，这时机针就会跟随着一起一落。"

这时，王海军回忆起小时候看到小姨踩踏缝纫机的模样，脚踏板上下扬落，手中的布料也跟着踩踏的节奏向前推进。

王海军按照苗部长的指导反复练习了一个月，用过的废面料堆积如山，虽学会了一些简单的操作方法，但距离老师傅们"人机合一"的老练水平还差得远。

实习生的下一站是内销车间，内销车间的任务是了解国内市场生产的商品从设计到缝制的全过程。车间班长卢金雁师傅给实习生们安排了一道剪牙点工序①。由于错误地理解了工序的要求，王海军用剪刀把应该打成0.2至0.4厘米深度的牙点打成了0.8厘米。当下一道工序的工人拿到王海军剪过的面料时，发现这批面料已不能使用了，于是他们找到卢师傅要求更换面料。

卢师傅检验了王海军做的工艺，确实有差错，便语重心长地对他说："海军啊，你看看，给我闯下了这么大的祸，往后可得仔细点儿啊！不要小看这么少的数据差，微不足道的细节却能影响成品浑然一体的美感！"然后卢师傅又详细向他讲解了这道细

---

① 剪牙点工序：根据样板定位，在面料上用剪刀剪上定位点，便于下一道工序的制作。现在公司用自动裁床和工装，这道工序已被淘汰。

小工序的制作要求。

王海军很是惭愧，他这才明白，只有把自己的工作做到尽善尽美，不给后续流程添麻烦，车间才能顺畅地保持生产节奏。

实习生最后来到的是包装车间，这里主要是做箱包的后期填充造型工作。箱包如果不填充，在装载运输过程中就会容易变形，特别是硬质的箱包。王海军以为这活儿易如反掌，结果他填充过的箱包不是这块鼓起来，就是那片凹下去，包体表面坑坑洼洼的。

宋丽娟师傅苦笑着说："哪有这样弄的，纸团塞成球就行了？"

于是她亲自做示范，把硬纸张的长度、宽度折叠成样包尺寸大小，再将纸张放进箱包后，这样包体内外才会相称，包装后的皮包才能平整挺立。看似简单的操作，其实有很多细节要注意，比如折叠的顺序、尺寸的精度，这些都需要长期的练习才能掌握。王海军仔细体会，用心观察，渐渐地也能做得有模有样了。

经过半年的车间实习，王海军初步熟悉了制包工序的各个流程，也通过打磨手艺的实战过程，真切地体会到箱包工艺的复杂与难度。对于工艺要求的"眼高手高"标准，王海军深知自己还有待进步。在以后的工艺制作中，他再也不敢疏忽大意，明白只有精准、精细、精密的工艺才能做出精致的样品，精益求精才是减少损耗和增强竞争力的不二法门。

技愈挫，志愈坚

一

2000年2月，王海军终于走进了期待已久的金猴集团威海皮具有限公司（以下简称"金猴皮具"）的技术部的大门。金猴皮具技术部分为国内和外贸两组，共有8人。部门负责人先给实习生们培训整套箱包工艺理论知识，再让他们制作产品，要求由个人独立完成产品从出纸格①到样品制作的全部环节。

在制作纸格之前，老师傅们先给实习生们详细介绍了箱包各个部件的名称，如前幅、后幅、大身、袋底、横头等。认识箱包部件的名称有助于在正式制作纸格时将每个不同的部件与纸格准确地对应起来。

王海军刚开始复制纸格的时候，要么就是把纸板割透，导致纸板无法对折，要么就是割得太轻，纸板折后对不齐，与原样板

①纸格，是指在加工皮具样板阶段，把立体的包分解成各种平面部件。

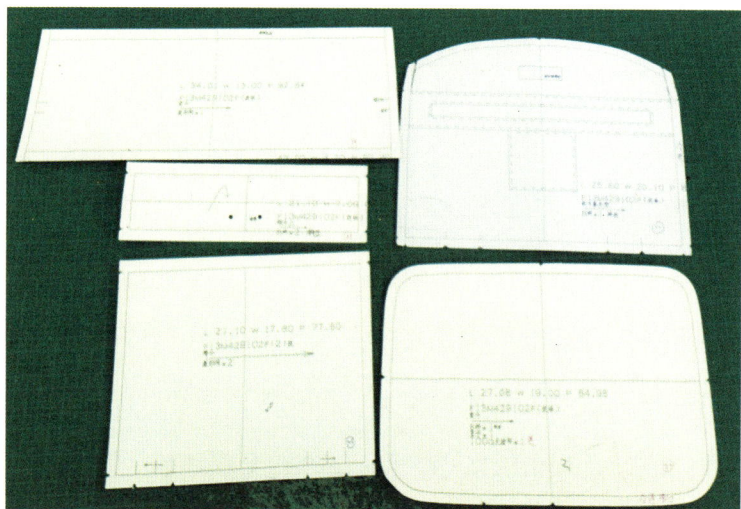

⊙ 王海军制作的男包纸格

大小不一。为了使对折后纸板四面的宽度、长度一致，需要在纸板上割出一个"十字架"进行定位，然后再制作样板，这样做出来的纸格四个面才能平整对齐。要切割出水平和垂直对称的十字架，就需要苦练"刀工"。这次使用的是带木把的钢刀，与此前的"小锯刀"的使用姿势、拿握力度和技巧有很大的区别。

王海军花费了一周的时间，单独练习钢刀的使用技巧，当他认为自己切割出来的十字线平直无误时，就着急地做出样板，并且信心十足地将样板交到老师傅张美毅的手中。

张师傅打量着样板，用手指轻轻滑过有弧度的部位，慢声细语地说："样板弧度有的地方不圆，有的地方堆积（刀把纸格别进内部）。"

"用手指滑过样板就能摸出问题？！"王海军惊讶极了。

"来，你试一下。"张师傅示意王海军伸出食指。

王海军用食指指肚顺着样板弧度的地方慢慢滑动，确实能感觉到不平顺的地方疙疙瘩瘩的。

"再量量尺寸。"张师傅吩咐说。

王海军用小尺子测量，果然与原样板尺寸不符。

"这里差一毫米，那里差一毫米，箱包的整体效果怎么能出得来？"

王海军沉默不语。

"做技术，就要把心沉下来，先从基本功练起，每一步都要扎扎实实的。"张师傅说。

王海军为自己的浮躁感到羞愧：原来在这个陌生的领域。自己其实还差得远哩。怎么办呢？还是先从刀功练起！

于是，王海军利用下班时间苦练刀功，他不断调整握刀的姿势、力道和角度，一遍又一遍地练习，然后再仔细观察纸上的划痕。虽然练习枯燥，但他的手腕却越来越灵活。

就这样，王海军逐渐掌握了握刀的技巧：食指按住钢刀上端发力，其余手指握住刀柄，切割出来的纸格就会光滑齐整。经过反复练习，他的心情一次比一次喜悦。

三个月后，张师傅接过王海军做的样板，检验完边边角角后，轻轻点头，说："基本过关了。"

王海军深呼一口气，九十天，刀功初练成！如果不练习，就达不到"熟"，不熟练，又何以谈"巧"呢？

可刀工只不过是各项工艺中最基本的技能。除了刀工，样板的书写位置、工艺标注的部位、样板的材质类型等细节，也要进行专门的学习。王海军在练习过程中，各个部门的师傅也在不断规范着他的操作。

王海军在师傅们的指导下，一步步地学习着、进步着，基本上掌握了制作箱包的全部流程。

这一天，张师傅给王海军一款简单的公文包，要求他从出纸格到样品制作全部独立完成，其中包括缝制流程。王海军思忖着自己是搞设计的，怎么还要去缝制？他带着疑惑着手做起来。前期出纸格比较顺利，可到了缝制环节，弱点就暴露出来了。他不擅长操控平车，缝出来的线条歪歪斜斜，有的线迹甚至还出现了脱落的情况，公文包缝不成样子。

张师傅看到了这种情况，告诉王海军一定要先熟悉机器，针头起落有规律才能把线拉直走平。于是王海军找来废面料，操控机针在面料上做直线、停顿、"Z"字形和"弓"字形的线迹练习。一周后，他终于能够熟练使用好机器缝制样品了。

王海军拿着制成的样品，来到张师傅跟前。"师傅，样品完成了，您看看。"王海军略带倦意地说。

张师傅觉察到了他的心思，语重心长地说："让你亲手缝制样品是为了让你知道制作包的工艺流程。产品制作是通过工艺流程来实现的，熟悉了每道工序，才能使自己的设计不与工艺脱节。"张师傅的话解开了王海军心中的疑团。

是的，产品是设计和工艺的结合，脱离车间的工艺，设计就无法落实。自己做出来的样品粗糙，是对工艺轻视的结果。老科长宋丽娟、老师傅张美毅做出来的样品既美观又实用，相比之下，自己还没入门。他为自己的心浮气躁感到羞愧。

宋丽娟看到王海军做的样品，意味深长地说："要想吃好技术这碗饭，沉不下来心来可不行啊！要把每道工序、工艺理解到位，学到手，没有三五年的时间，是出不了徒的。"

前辈们的殷殷教诲，让王海军明白了掌握一门技术只能依靠日积月累的打磨。磨炼技艺的过程，也是磨砺心志的过程。公司里许多设计师前辈还经常下车间练手艺，何况自己只是刚入门的新手？欲速则不达。他放弃急于求成的错误想法，彻底改变骄躁的心态，以全新的面貌对待工作：无论外面的世界多么浮躁与喧嚣，不为外物所扰，安于一隅，潜心钻研技术，在工作中不断超越自己，追求卓越。

二

2000年8月，技术部的郭志琪要去广州出差，公司领导安排王海军和他一同前往。

广东是中国改革开放的先行省份，其得天独厚的地理位置和发达的经济体系，使得该地的皮具生产规模迅速扩大，一直是国内产业集聚程度最高、产业链最完整、产业配套能力最强的箱包生产基地，产品具备质量好、款式新、档次高等优点。广州箱包企业发展初期主要从港、澳、台地区的商家获得订单。1992年至1997年，白云区的皮具加工企业有1000多家；花都狮岭的皮具加工企业由1992年前的300多家发展到近4000家；桂花岗则成为全国最大的皮具生产基地和销售中心，桂花岗皮具市场的形成，意味着中国皮具行业进入了一个全新阶段。

郭师傅和王海军一起来到广州。他们白天去材料市场和箱包市场调查搜集信息。逛店面时，郭师傅不停地在笔记本上写写画画。五花八门的商品令王海军目不暇接，不知所措。走过几家店面后，郭师傅用笔点画着笔记本上的内容，说："我们每次考察市场，都要做记录，从中了解市场动态。比如：这次有什么好的面料和花纹式样，市场出了什么新材料，包的功能和色调搭配与上次相比有了哪些变化。"

王海军看到郭师傅的笔记本上图文并茂，内容详尽，就照着师傅的做法，把收集到的资讯、想到的见解，统统记录下来。

晚上，郭师傅在办事处挑灯疾书，把信息汇总、筛选、对比之后，快速地画出新图样。他强调说："记录不是为了抄袭，是为了碰撞出灵感的火花，自己设计时要考虑用什么面料、色彩、款式去适应行情。"

当时市场上箱包的风格迥异，代表性的设计主题有经典雅致、民风印象、简约平和、活跃动感等几类，消费者会根据自己的需要和喜好购买商品。

就这样，郭师傅和王海军每天白天做市场调研，寻找市场流

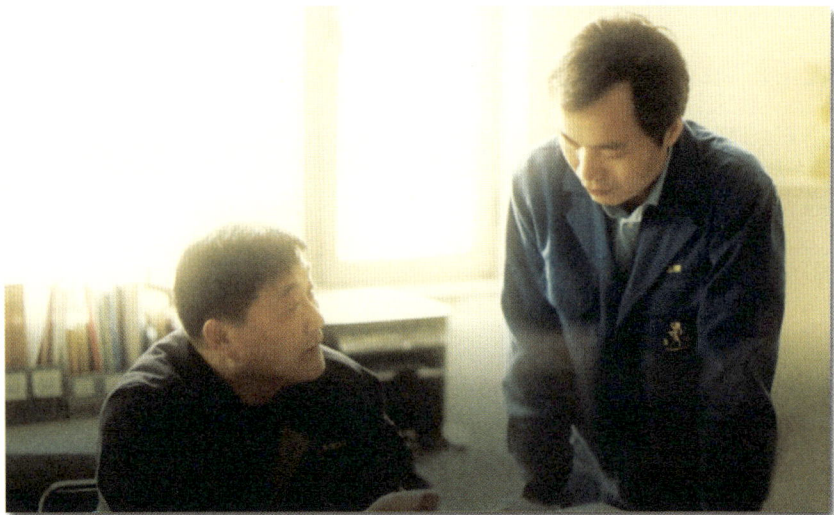

⊙ 2003年4月，王海军（右）与技术部同事讨论样板制作的方法及标注事项

行箱包趋势，晚上郭师傅便根据流行趋势设计出几款新图样。王海军也尝试设计新款式，可是由于对面料的种类、箱包的功能、色彩的搭配不甚了解，往往显得心有余而力不足。

但王海军和郭师傅朝夕相处的这一个月，养成了随时随地观察记录的好习惯。自那以后，但凡王海军出差在外，即便是在机场候机的空隙，也会去机场的箱包店转转，有了好想法便在笔记本上添加些内容。

三

为适应箱包行业日新月异的发展，金猴皮具要求技术部门每周上交新款样品，所有人员都要参与设计。从广州回来后，王海军有了一个全新的设计思路，这次的设计他将产品定位在35岁左右的职业女性。他的设计理念是选用优质材料，利用精致的设计，采用简约大方的线条营造成熟稳重的气质，休闲中流露出优雅的魅力。预设好造型，王海军便坐在工作台前，铺开纸张，用铅笔、尺子画出图稿。效果图完成后，王海军开始动手制作样包。

先是挑颜色。王海军平时倾向于富有激情的明亮色系，这次则改选黑色。黑色象征高雅、理性、神秘、庄重，从视觉上看又是百搭色，宜于搭配多种服装款式。

再是选材料。素净的面料，经过工艺处理，加入其他元素，就能产生新奇的效果。将多种材料与花纹对比之后，王海军决定使用黑色石头纹路的羊皮。绵羊皮革质地柔软且耐磨，显得高贵沉稳，把柔软的羊皮与坚硬的石头相结合，女包会有种潇洒又干练的气质。而石头纹路则犹如在皮面上疏密有致地平铺了一层石头，稍有凹凸不平的视觉效果，凸出的部分折射出明亮的光泽，凹陷部分则是低沉的暗色。在光线的照射下，皮包形成明暗相对、虚实相生的意境。包的两个侧面采用平纹黑色牛皮，手把的皮料色彩与侧面保持一致。"居于高位"的手把关系到皮包的实用性能与格调高低，牛皮质地比羊皮坚硬，触摸感强，用牛皮做手把，感觉厚实。手把的样式一般分成普通手把、背带式手把和花式手把。为了使皮包的整体结构相对合理，王海军将手把做成圆形，将其环绕、贯穿在两个侧面上，这样包的上面就形成了两根手把，改变了手把放在前后面上的传统结构。新颖的手把样式能够展现出职业女性果敢大气的风度。

王海军通过简洁的图形和别致的造型将自己的设计意图充分表现了出来，并将设计样品交给了老科长宋丽娟，宋科长也把员工们上交的所有样品都送到了邢艳梅厂长的办公室。

邢厂长几圈审视下来，点到这款石纹包，问宋丽娟："这个包是不是张美毅做的？"

“不是，是王海军做的。”

“这小子有出息了，结构新颖，做工精良，进步很大！”

宋科长回来后高兴地表扬了王海军一番，并对他寄予厚望：“公司对技术人员实行‘赶、帮、超’的政策，你以后要继续努力，争取超越我们。长江后浪推前浪，一代要比一代强。”

老师傅张美毅是技术部的部长。无论男包、女包、学生包，从出纸格到样品制作，都是公司的标杆。所以，邢厂长就以为那款包出自张美毅之手。可没想到，才这么短的时间，王海军的设计就能在一众皮包设计样品中脱颖而出。

也就是从这时候起，王海军的才华开始在公司崭露头角，但他有自知之明，自己的水平与老前辈相比，还有较大差距，他们是自己的榜样和前进的动力。

老科长宋丽娟为人和蔼可亲，和王海军的母亲年龄相仿。新入职的年轻人平时吃住都在单位，工作节奏快，饮食与作息时间不太规律。有时候，宋科长会趁着周日休息，邀请新员工们到她家里用餐。她亲自下厨，烧些土鸡、鲈鱼和牛肉汤羹等美味佳肴，给这些年轻人补充营养。

宋科长原先从事服装设计行业，在业界颇有成就，金猴皮具特聘她来公司担任技术部长。宋科长转行成功的先例坚定了王海军的职业信念。设计艺术是相通的，梦想在哪儿都能实现。王海军在技术部门实习了一年，领会到了领导的良苦用心，了解了箱包生产工序的全貌，特别是在设计时要周密地考虑工艺处理是否可行，因为任何设计效果的实现都必须依赖当前成熟的技术条件和工艺制作水平，不可能凭空想象和肆意妄为。所以，一名设计师同时也必须是一名工艺师。

产品怎样才能在竞争激烈的市场竞争中吸引消费者的关注，做到畅销，实现经济价值？一名合格的设计师还需要洞察市场形势。王海军结束了在技术部门的实习，终于要独立面对瞬息万变的市场了。

20世纪80年代，与广东桂花岗同期兴起的箱包大型批发市场还有河北白沟、浙江义乌、辽宁南台、成都荷花池。其间开办的中小型民营企业不可胜数。大小企业共同推动了中国箱包行业的飞速发展。

2001年4月，王海军开始负责产品开发，他经常到广州、上海、温州、义乌等地出差，实地考察市场行情，掌握销售趋势。奔走在不同的城市，他发现各地生产与主销的产品类型与当地的地理位置、经济水平等多种因素有关。比如：广州是引领箱包行业潮流的城市，箱包配套齐全，手提包、背包款式更新较快；温州的拉杆箱比较多；成都的许多企业保留了传统工艺，有些小型民营企业专门制作手工背包，其中不乏具有少数民族特色的产品；上海是繁华的大都市，与国际接轨，多样化、个性化的旅游箱包需求量较大。

"研市场、探行情、出新品"，有规可循的职业之道，仿佛是站在起点望得见终点，实际上却是移步换景，变幻无穷，妙不可言。

金猴皮具要想在现代化的产业体系中立于不败之地，设计理念就要跟得上时代发展的步伐。在生产方面，传统工艺与机械加工不可分割，销售策略也要与时俱进。而王海军从基层做起，通过在生产车间、技术部门实习，经过了市场调研的层层考核与全方位的练习，再加上几年间的产品开发和市场调研，终于可以驻守技术部，成为一位名副其实的设计师。

温情的港湾

常言道"三十而立"，即将步入而立之年的王海军，事业蒸蒸日上，生活上，他也要步入一个新阶段。他要给相恋多年的女友刘明华一个安稳的归宿。2003年，28岁的王海军在威海买下新房。2004年3月8日，王海军和刘明华在饮马泉村举行了婚礼。蜜月婚过后，他们回到威海定居。同年，金猴皮具搬迁到威海工业园，公司焕然一新。

美术成就了王海军的事业，也成全了王海军的爱情。王海军在高二暑假期间，到诸城市富源美术学校集训美术专业课，这里的学生来自诸城市的各个县城。每天，总有几位同学学习到很晚，其中就有王海军和刘明华。渐渐地，他们熟悉起来，经常一起切磋绘画技法。一段时间下来，两人的专业课进步显著，在高考中都取得了优异的成绩。美术专业课考试结束后，他们回到各自的高中备考文化课，出乎意料的是，他们同时被青岛大学服装设计专业录取。

大学两年，他们在同一间教室上课，一起到户外写生。青岛八大关景区内有一条长长的银杏大道。秋末冬初时，两人漫步其间，橙黄的银杏叶飘落满地，映衬得旁边的古建筑美轮美奂。

有一次，几个同学相约到海边写生。王海军和刘明华坐在礁石上写生，他们沉迷于景色与绘画，没发现潮水渐涨，等到海水漫过脚踝他们才反应过来，于是二人牵起手拼命往岸边跑，鞋子和裤子全湿了，所幸逃过一劫。相伴多年，他们从默契的好友发展成相知相惜的恋人。

大学毕业后，他们一起来到威海。王海军就职于金猴皮具，刘明华则进入一家服装公司做服装设计。他们告别了浪漫的学生时代，两人每周上六天班，平时经常加班到很晚。相爱的人同甘共苦，何尝不是另一种浪漫？他们共同奋斗，在这座美丽的城市买下属于自己的新房，建立了家庭。

2006年1月，王海军的大女儿王钰暄出生。这时候，王海军在技术部门工作，因业绩突出即将被提拔为主要项目负责人，工作特别繁忙，平时很少有时间陪伴孩子。温柔又干练的刘明华一力承担了家中的大小事，使得满身疲惫的王海军回到家可以安心休憩，到了公司可以放心工作。

2008年，刘明华所在的公司要搬迁到离家很远的地方，她为了能更好地照顾孩子和家庭，辞去了热爱的服装设计工作，到了另一家服装贸易公司从事服装制版工作。贸易公司主要做业务，做好样品就行，不用批量生产，工作相对轻松。闲暇时，刘明华就为公婆、丈夫亲手做件时髦的衣服。王海军遗落的少年梦想，刘明华帮他"缝补"上了。

王钰暄二年级时，大岚寺小学组织了一次折花灯的亲子活动。以前学校有活动都是刘明华去，这次王海军正好在家，提出该自己去一次了。王钰暄坐在教室里看到爸爸来了，露出明媚的笑容，兴奋地招手："爸爸，我在这儿！"

王海军也笑出了声。父女俩很久没有一起参加活动了，都很开心，两人一起用废弃的包装箱纸板折了一个漂亮的彩色花灯。

⊙ 2003年，王海军和刘明华在威海公园游玩

　　王钰暄的小手扒在爸爸的耳朵上，悄悄地说："爸爸，你比妈妈做得好。"

　　王海军听得心里不知是何滋味，他明白，母爱无法替代父爱，决心以后一定要多抽空陪陪孩子。

　　2016年，王海军的二女儿王艺琳出生。这时候的王海军已经成为技术部门的骨干人员，培养出了许多徒弟，在全国箱包设计大赛中也得过很多奖——他的生活重心仍旧是设计作品与培养徒弟，虽然心中也时刻牵挂着家中的妻女，但他仍将大量宝贵的时光都献给了公司。

　　2018年冬天，王海军在广州出差，刘明华独自在家照顾两个小孩。一个大雪天，晚上十点多，二女儿感冒发高烧，妻子把大女儿独自留在家，抱着二女儿在雪地里等出租车去医院。当天雪大风疾，路上的车很少，雪花不停地落在孩子的脸上，雪水混合着泪水不断地流淌，流进了刘明华的心窝，冰凉冰凉的！等到了医院挂急诊，看病，打完针，再打车回家，已经是后半夜了，大女儿害怕得一直没能入睡。王海军打电话回去，坚强的刘明华第一次哭了。她一边哄着大女儿，一边抱着小女儿，哽咽着说："你可以不出差了吗？平时我怎么辛苦都行，可现在是孩子发烧生病，我又上了一天的班，一个人怎么能忙得过来！"刘明华埋怨了一通，在电话里泣不成声。

这是刘明华唯一一次向王海军发脾气、提要求。王海军理解妻子的难处，听见妻子和孩子都在哭，他也很自责，于是一边安慰着妻子，一边偷偷地擦着眼角。

其实刘明华只是在极度疲劳和焦急的状态下才对王海军抱怨了几句。等小艺琳的身体恢复健康后，她依然无怨无悔地支持着爱人的工作。

中年的王海军面容白净，体格强健，事业有成的他一直觉得愧对妻儿。前些年夜以继日地忙于工作，使得大女儿的童年留下缺少父爱的遗憾，他不愿重蹈覆辙，再与小女儿之间留下隔阂。所以，王海军只要一有时间就会赶紧回家。每次王海军走进家门，王艺琳都会高兴地扑到他怀里，央求着爸爸跟她一起做手工、画画。女儿期盼的眼神让他想起自己儿时祈求爸爸买年画时的情形，心头一热，连忙发挥自己的美术特长，与女儿共享"艺术创作"的乐趣。

王钰暄读高中之前，王海军从没有辅导过她功课，她的学习成绩在班里也只是中等。2021年，王钰暄考入威海三中，开学就进入了紧张的高中生活。王海军希望女儿能考上中意的大学，便以言传身教的方式教导女儿，他和女儿分享自己在工作中的成果，真诚地告诉她自己成绩的背后要付出多少艰辛与汗水。

暑假的一天，王钰暄在书房看书，王海军坐在书桌旁，望着个头快赶上自己的大女儿，心中有些怅惘。

"爸爸，有事吗？"王钰暄的语气像个大人。

"暄暄，我们俩一起努力奋斗吧。威海市每年都有评选'有突出贡献技师'的活动，今年我要申报，争取一下。你也要争取成绩再进一步。这就作为我们的约定，怎么样？"

女儿瞧着一脸期待的父亲，两人对视片刻，会意地笑了。

高一期中考试过后，学校第一次召开家长会。王海军也跟公司请了假，与女儿并肩坐在教室的座位上，忐忑不安地等待老师宣布成绩。

"班级第一名，王钰暄，年级排名51，这次考试比入学时前进了351名。"

王海军激动得有点儿不敢相信自己的耳朵，以前成绩平平的女儿竟能在这么短的时间里取得这么大的进步。王海军心里高兴极了。

等父女俩回到家刘明华问他们："你们回来了，中午想吃什么？我去做。"

"今天不做饭，出去庆祝庆祝。"王海军笑呵呵地说。

"为什么要出去吃？"刘明华觉得奇怪，他们很少下饭馆。

"我们的女儿这次考了班级第一名！"

"真的？！"刘明华拥抱住大女儿。

刘明华穿上一件新外套，领着大女儿，王海军抱着小女儿，四人来到小区附近的一家小饭店，点了一些王钰暄爱吃的菜。

王钰暄大口大口地啃着鸡翅，王海军举起可乐杯："暄暄，以后学习要不骄不躁，祝你能取得更好的成绩。"

"谢谢爸爸，也祝您能设计出更好的作品。"暄暄回敬了优秀的爸爸。

"琳琳，你长大了要和姐姐一样，好好学习，不断进步。"王海军拍拍琳琳的小脑袋。

琳琳昂起头说："明年我读一年级，要考一百个第一！"

现在，王海军只要有时间，便陪孩子们去图书馆借书、读书，或者去海边玩耍。王钰暄一直努力地学习，每次考试都有进步，王海军感到很欣慰。其实，王海军知道孩子们真正在乎的并不是吃什么美味佳肴，也不是穿什么名牌、用什么奢侈品，而是父母的认可和赞美。有父母陪伴的日子，孩子们就是幸福的。

王海军和天下所有的父母一样，都希望自己的孩子健康，内心阳光，将来能成为有责任心、有担当的人。

父母是孩子的一面镜子，孩子是父母的影子。

王海军曾发自肺腑地感叹："虽然生活中不能给予孩子足够多的陪伴，但我尽力做好自己，让自己努力的样子成为孩子的榜样。我们要坚信孩子能行。他们终究要自己一步一步地攀登成长的阶梯，当他们回首时，能会心一笑，继而转身，继续攀登，明白无须过多的言语，只需用心坚持。干一行，爱一行，钻一行，追求卓越是一名劳动者的职业旨归。要相信爱岗敬业、勤奋刻苦的工匠精神会影响孩子的成长。"

光阴荏苒，王海军矢志不渝，以父亲为榜样，吃苦耐劳，任劳任怨，忠诚于家庭，服务于社会。他是娇妻爱女坚实的依靠，是孩子茁壮成长的引领者。他和妻子相濡以沫，经营出暖意融融的家庭港湾。

第四章　技术岗位的精魂

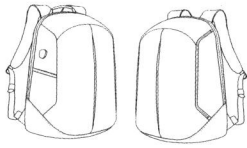

脱颖而出的冠军

盛夏，火红的太阳在威海的上空释放着热情。

2003年8月，王海军终于开始以设计师的身份进行各类箱包的设计和制作了。

箱包种类繁多，其界定一般可以按款式、功能、材质和箱体来区分。每种类型再细分下去，又可分出数个类别。就连拎提包的部件，比如提把的尺寸和形状也可以根据其实际用途、结构、制作工艺分为许多种。每类产品中的每个部件稍加调整，产品就会以新的面貌呈现出来，对工艺的要求也会有所差别。如此说来，各类箱包、各类款式所蕴含的工艺自然也千差万别。王海军投身技海，跟随车间的老师傅们、技术部门的前辈们，以水滴石穿的精神，一点一滴，潜心钻研技艺。慢慢地，他的技艺如春起之苗，日有所长。

家人的支持与陪伴总能让他很快走出疲倦，迅速恢复到工作状态，特别是做了父亲之后，工作比以前更加卖力。

⊙ 2006年3月，王海军（左）与技术部同事讨论箱包制作事项

　　箱包行业经常在广州、香港等地举办产品交易会，很多箱包公司都会派设计师参展以拓宽贸易渠道。王海军也参加过多次这样的活动。参展前一两个月，设计师会到广州市场选取材料，开发样品，设计出产品，然后在交易会上进行展览，若客户有中意的款式，等双方谈妥价格，生产方再制作大货。

　　2006年4月，王海军和公司贸易经理一起去香港参加国际交易会。参展的有来自英国、印度、巴勒斯坦等几十个国家的企业。金猴皮具参展的约60种款式的产品中，有很大一部分在现场就受到青睐，被国外企业批量订购。王海军设计的皮包销售了2000多个。

　　交易会让王海军的视野从国内拓展至国外，"见过世面"的他回到公司后以国际品牌的高度重新定位自己的设计理念与工艺水准。他认为，产品在具有创意的前提下，还应融入具有民族特色的文化底蕴。公司产品应该集功能性与艺术性于一体，顾此失彼会导致品牌达不到设计师和用户期望的双重审美标准。

　　潮涨潮落，花开花谢，时光的年轮流转到了2007年。

　　蓦然回首，王海军在技术部门又历练了四年的时间，精通了各式箱包的全部制作工艺流程，并学会提前判断和把握国内国际箱包的流行趋向。他的专业基本功越来越扎实牢固。因为工作踏实，业绩突出，他升任为技术部副部长。

金猴皮具处处渗透着"传、帮、带"的企业文化："传"是传授工作心得和经验；"帮"是帮助员工在设计产品时完善设计思路、理念和功能；"带"是以老带新，通过几年和新人的相互配合，使新人能够独立承担项目开发。金猴集团的员工在浓郁的学习氛围中查缺补漏、提升本领，还经常去参加各级各类技能比赛，增长见识。就这样，王海军和同事们在公司铺设好的康庄大道上昂首阔步。

十年磨一剑，霜刃试锋芒。

正式进入技术部的第十年，王海军积累了丰富的技能与比赛经验。2010年12月23日，王海军来到广州市花都狮岭参加"真皮标志杯"中国皮具（箱包类）设计大赛。

这次大赛的参赛者都是来自全国各地热爱和从事皮具设计的设计师、院校师生、设计单位和生产企业。参赛作品类别不限，但须上交实物一份、设计图纸一份。

选手分专业组和院校组。王海军参加的是专业组比赛，作品类别为男包类的正装包。他使用头层牛皮制作样包，想要传达出朴素而高贵的生活理念。他的作品采用线条类的皮革，流畅的线条象征着静静流逝的岁月，皮革经纬相互交织，犹如冗长忙碌的生活。深棕色赋予皮包理性、冷静、稳重的内涵。风格简洁大方，铅华洗尽，仿佛在朴素中缔造了一曲超越时间的流年传奇。

所以，王海军给作品命名为"流年传奇"。

专家组对参赛选手上交的图纸和实物进行综合评审。王海军得到了全场最高分，获得了特等奖。他的这款"流年传奇"也成为当年男式正装包具中的经典款式。

这一年，王海军35岁，在中国的皮具之都——广东省广州市花都区狮岭镇，问鼎全国皮具行业！

赛场上光彩照人的王海军回到公司，继续在岗位上发光发热。

他的生活犹如作品反映出来的思想：铅华洗尽，不经粉饰。一千多个平平淡淡、切磋琢磨的日子，从十指的老茧下滑过；一千多个兢兢业业、日益精进的日子，从精美的样包间流过……

王海军殚精竭虑地提升技艺，他出类拔萃的专业技能与勤勉无私的品德，在公司内外有口皆碑。

2013年，王海军晋升为技术部部长。级别的提升，意味着职责的加重。他需要培养出更多的技术骨干，为企业和社会的发展添砖加瓦。

⊙ 上图　王海军在2010年"真皮标志杯"中国皮具（箱包类）设计大赛中荣获特等奖的作品

⊙ 右图　王海军在2010年"真皮标志杯"中国皮具（箱包类）设计大赛中荣获特等奖的证书

青出于蓝胜于蓝

在王海军的指导下，许多徒弟在全国各级比赛中都取得了骄人的成绩。

一

于桂香从2009年起就在王海军的指导下进行技术设计开发了。初期，王海军和于桂香一起研究设计图，分析产品结构、五金规格、主辅料的搭配和细节处理，保证了产品有型、美观。

于桂香先按照设计的要求进行打板，开发出样板后，王海军再审核，要求每个细节都必须考虑周到。比如，结构复杂的包存在三角部位，一般情况下，设计师在这个部位上标注合缝量即可，但是王海军细思之后，想让试制师傅一目了然，就在先合缝的两边标注1号，二次合缝的边标注2号。这样，试制师傅就能依照数字顺序缝合样包，进而节约了查找设计步骤的时间，提高了工作效率。

　　一般来说，因为资料格（使用材料明细）上有拉链的相关数据，于桂香就没有在样板上标注拉链长度和拉头数量，王海军看见后耐心地指导她，并将"细注法"传授给了于桂香，告诉她样板上不能省略配件的相关信息，工作中不能抱有省心省力的态度，要多为他人着想，设计师与制包师之间要做到无缝衔接，生产效率才能提高。于桂香诚恳地接受指导，尽力把工艺做精、做细，方便后续师傅接续任务。做成样包后，哪里看起来不舒服，哪里存在瑕疵，于桂香都虚心听取老师的建议并改进，直到做出令师徒二人都满意的好作品。

　　就这样，于桂香在王海军的教导下，设计与工艺技能飞速进步，收获的奖项也不胜枚举。例如：2012年，她参加"真皮标志杯"中国皮具（箱包类）设计大赛，获专业组女包类银奖；2015年和2016年连续获得威海市"金牌职工"称号；2018年，在"狮岭杯"第二届全国皮具设计制作技能竞赛中获得第二名，被授予"全国技术能手"的称号。

二

　　刘文从2011年开始在王海军的指导下学习欧美地区的流行元素和设计理念，在箱包设计上首次引入"法式包边"工艺，为产品加入了国际时尚元素，使得样包风格稳重而不沉闷。

纸格黏合方面，刘文起初缺少技巧，做工靠运气，有时做得还不错，但如果一不小心黏错而撕坏纸格就会导致作品失败。针对这个问题，王海军亲自示范并为他讲解几个黏合纸板的关键点。为了让黏合起来的作品精准完美，首先要了解纸格黏合的顺序，再进行逐一黏合。其次，要根据工艺的要求，在放余量的边缘轻轻用刀划出浅浅的痕迹，让纸板黏合得更加有型。

为了让刘文熟练掌握这个技能，王海军找来很多不同款式、不同风格的包，让他多加练习。刘文在制作时渐渐消除了紧张情绪，发挥出潜能，做出的样品日臻完善。后来，经过王海军的指导，刘文对箱包的结构、款式、颜色搭配等又做了深入的研究，设计出的产品兼具实用功能与艺术美感。之后刘文积极参与军品的设计与开发工作，与王海军配合开发了作训包、生活背囊、多种配套模块等产品，并在2015年的威海技能大赛皮具设计师比赛中获得第二名。目前，刘文已经拥有了两项外观设计专利证书。

三

张宇刚进技术部门时，以为只要样板是直的，背包的前后大面上端就能呈现出来直边的效果。有一次，他按照这个理念设计出来的背包前后大面上端的中央处竟向里凹陷了两毫米，背包外形看上去不平整，使用起来也不便。他很纳闷，明明样板是直

⊙ 2013年3月，王海军（右）在生产车间检查箱包包口工艺是否合格

的，为什么做出来的实物却会出现凹陷的情况呢？他带着疑问向师傅王海军求教。王海军把包放在桌案上，用手指点压着包的边角和中间处，解释道："由于面料软硬厚薄的影响，大面上端很容易出现凹窝。要预防这种现象，就需要将背包大面的上端做一个带有弧度的设计，并且圆顺至大面两边，这样做出来的背包上端才能看上去是直边，外观效果也平整。"徒弟勤学好问，师傅诲人不倦，做出来的样包越来越完美。

张宇在独立制包之前，认为包不过是普通的日常生活用品而已，款式上大同小异，技术含量上差别不大。比如，尺寸最大的行李箱也就是29寸，其余的常见手提包更大不到哪儿去，制作方法应该相差无几。可是当他真正接触箱包样板制作之后，才发现方方正正的箱包里，包含着变化无穷的技巧。他在实践过程中一次次解决棘手问题，背后都有师傅王海军的指导。

张宇有一次制作商务背包样板，为了让商务背包饱满有形，他在背包的面料和里布中间加入泡棉，可成型效果却让人失望，商务包的外形介于饱满和扁平之间。他百思不得其解，赶忙请教师傅。王海军摸摸背包的大面与边角，拍拍中间，给出答案："添加填充物是对的，但是用错了位置。人们常常以为背包的支撑点在中间，但其实它真正的支撑点在拉筒与大面、帮与大面和底部的连接处。这些连接处相当于房子的支架，将填充物加到支

⊙ 2014年4月，王海军（中间）在样品室与同事讨论单兵携行具的研发事项

架内，才能让背包的形态立体饱满。"

张宇听取了师傅的意见，将填充物的尺寸修改过后重新填入到适当的位置，一个"精神饱满"的背包便展现在大家的面前了。

2018年9月，在师傅王海军的指导下，张宇参加了"中国箱包之都·白沟杯"全国第二届皮具设计制作职业技能竞赛，获得第三名，被中国皮革协会授予"优秀选手"称号。

同年11月，张宇参加了"狮岭杯"第二届全国皮具设计制作技能竞赛。他夜以继日地背诵理论知识，王海军挤出时间来抽查提问，并耐心讲解徒弟遇到的知识盲点。选手们在训练室实操演练时，王海军坐镇场地，大家都争先恐后地向他咨询各种问题，他也毫无保留地传授样板制作经验。与其说是师傅为徒弟指点迷津，还不如说是一群志同道合的朋友为了箱包行业的未来并肩作战，奉献着青春。临近开赛，王海军劝慰参赛选手们放平心态，并为每位选手加油，最后公司的选手们都获得了不错的成绩，张宇更是获得了第六名的好成绩，被中国轻工业联合会授予"全国轻工行业技术能手"与"优秀选手"称号。

四

公司每位员工都能感受到公司对技术人员的高度重视和精心栽培。对内，企业倡导师徒之间传承工匠精神；对外，企业为技术人

荣誉证书

王海军 同志

荣获2015年中国技能大赛——"中国箱包之都·白沟杯"全国首届皮具设计制作职业技能竞赛

优秀选手

2015年中国技能大赛——"中国箱包之都·白沟杯"全国首届皮具设计制作职业技能竞赛组委员（中国皮革协会代章）

二〇一五年十一月

⊙ 左图　王海军荣获2015年中国技能大赛——"中国箱包之都·白沟杯"全国首届皮具设计制作职业技能竞赛"优秀选手"称号

⊙ 下图　2015年11月，王海军在河北白沟参加全国首届皮具设计制作职业技能竞赛

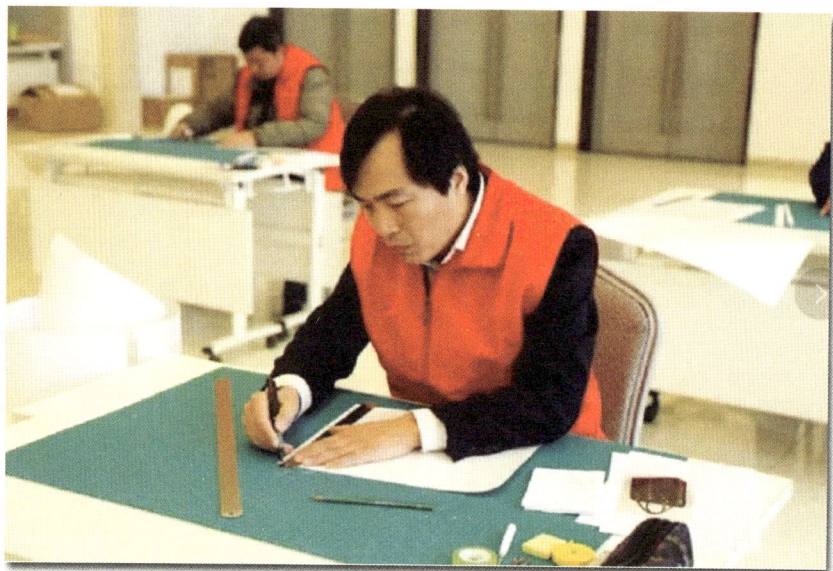

才提供学习新技术、新经验的平台和参加全国大赛的机会。王海军和徒弟们赛事连连，他们从未辜负公司的栽培，在比赛上频频大放异彩。令王海军印象最深的还是2015年和2018年的两次大赛。

2015年11月，河北省举办"中国箱包之都·白沟杯"全国首届皮具设计制作职业技能竞赛。比赛内容为皮具设计制作，初赛和决赛在同一天举行，两个环节的比赛内容一样，理论知识测试占30，实践操作占70。

比赛前的一个月，金猴集团为了夯实六名参赛选手的理论基础和实操技能，特派金猴集团人力资源部部长利用下班后的时间给选手们做培训。他们经常熬到深夜11点才下课。临行前，集团领导在公司大门口为他们举行了隆重的欢送仪式。

11月13日上午，王海军和队友们参加理论测试。开始他们还很紧张。等考试铃声响起，见试卷上的试题都是他们早已背得滚瓜烂熟的题目，大家就变得很有信心。都在规定时间内完成了，正确率全部为100。

下午的实践操作项目难度较大。初赛操作过程就与平常工作中的加工方法不同。监考老师拿出一件样品摆在考场前面的桌子上，考生不可碰触样包，只能近距离观察，目测包的尺寸，然后根据经验和观察结果制作作品。评分时评委老师把选手们的作品与样品进行比对，作品尺寸越接近样品，工艺部位表现得越清

⊙ 2017年4月，王海军获得"威海工匠"荣誉称号

晰，得分越高。结果，金猴集团的六名选手全部通过初赛。

后面又进行了决赛，决赛比拼的结果是王海军的队友金晓敏获得第二名，王海军获得第六名。他们都荣获了中国皮革协会授予的"优秀选手"和"全国箱包行业技术能手"的称号。

参赛选手们把大赛收获的经验带回公司车间：先用纸格黏合出大体形状，预览整体效果，如果包的大小、包带的比例协调，就继续下一道工序，如果出现问题，就改动调整。这样做避免了因包的尺寸和比例出现误差造成制作样品材料的浪费，极大地节约了生产成本。

2018年，中国技能大赛——"狮岭杯"第二届全国皮具设计制作技能竞赛在广州市花都狮岭举行，竞赛内容与评分标准都与2015年的"中国箱包之都·白沟杯"竞赛相同。区别在于这届竞赛测试分为三大模块：理论考试占30，实际操作占60，应用场景设计占10。应用场景设计测试是需要考官播放一段语音，描述包具使用的场景，参赛选手要根据语音设计出样包的效果图。这项测试更能考查设计师的想象力。

工欲善其事，必先利其器。金猴集团的参赛选手们吸取2015年白沟杯的比赛经验，利用下班时间组织集训。

王海军让大家根据图片进行样板制作，虽然大家都能在规定的时间内完成纸格，但是对于纸格尺寸的掌握还不够精准。针对这一问题，王海军专门讲解了不同款式对应的尺寸范围，以及如何根据包的图片进行尺寸判断。比如，常用的五金件尺寸一般都是固定的，可以根据图片中包上的一个五金件所占的比例来推算出包的整体大小以及其他部件的尺寸。王海军让大家按照这些方法反复练习，并与同事李建友两人轮番点评选手们做成的纸格。几次培训后，选手们都掌握了判断尺寸的技巧，做出了尺度精准的纸格。这不仅有利于队友们在大赛中取得高分，而且在日常工作中，也能让他们更快、更高效地完成样板制作。

为了能够从容应对新增的应用场景设计的测试，他们模拟考场环境，一人叙述场景环境，其他选手想象画面，画出特定的场景内人物适合的产品款式，然后互相评价，指出优缺点。

天道酬勤，学道酬苦，业道酬精。

2018年9月，金猴集团的四名参赛选手全部通过河北省赛区的预赛。11月，他们在全国赛区的比赛中，包揽了前三名，另一人也获得了第六名的优异成绩。

王海军的徒弟矫庆华在竞赛中依照图片精确地制作样板。样板的名称、件数、尺寸、工艺、放余量、五金位置等标注详细清楚，书写位置恰到好处。样板刀口平滑圆顺，缝纫线标注长短间距大小一致，所有样板版面都干净利落，样板黏合的方法和顺序完美无误。凭借无可挑剔的表现，矫庆华一举夺魁，并荣获"全

⊙ 2018年12月，王海军（右一）在生产车间查看箱包大货工艺执行情况和产品质量

国箱包行业技术能手"的称号。矫庆华对师傅王海军感激不尽，没有师傅尽心尽力的指导与陪练，自己哪有机会获此殊荣？

各级各类的比赛促使技术员工迅速提升了技艺，并让他们拥有了源源不断的能量投入技术研发。他们创新的技术有力地推动了公司的发展壮大。金猴集团今日的荣耀就是由单位几代员工共同拼搏得来的。

小创意，大效益

王海军率领技术团队迎难而上，以过硬的技能表现去迎接市场经济的挑战，陪伴着企业乘风破浪，为国家皮具行业的发展贡献着自己的力量。

技术为设计服务，设计的原则是要满足用户的体验。王海军说："我自己设计的第一款产品就是冲着用户体验去的。"他的这一原则任世事变迁从不动摇。

——

21世纪初，中国箱包行业还处在初步发展阶段，箱包的款式大多中规中矩。比如，2000年，市场上流行的女式斜挎包面多为正方形、长方形或圆形，手提在包面的正上方，有时手提使用并不方便。

王海军留心观察女士们选择背包的喜好，发现女士们喜欢外形小、使用空间大的背包。于是，他设计了一款斜挎包，手提在包体的侧面，采用当时少见的花纹皮质作材料。新式的皮料，便于携带的小型包，得到女士们的钟爱。

二

金猴集团除了生产皮具、皮鞋、服装系列产品，还负责生产军工用品。2014年，王海军接到上级分派的任务，要为部队研发一款机枪携行具产品。为了更好地实现产品的装载和携行的适用性，王海军要综合考虑气候、地理环境等多种因素，于是，2015年5月，王海军申请到西藏试用产品。他背负装备，跟着部队人员模拟作战状态，在训练场地摸爬滚打了20多天。在详细了解产品的性能和使用环境后，王海军发现最初的设计方案有许多不妥之处，并提出修改方案，直到满足部队作战要求，产品才定型。

灵感来源于生活，创意来源于生活体验。从构思到成品的所有细节必定要精心打磨，考虑功效。

2015年，王海军又开始为航空地勤兵设计携行箱。

⊙ 2015年5月，王海军在西藏试验携行具功能性

"我多次与对方沟通，了解到他们有时要纵贯祖国南北，旅途中温差大，携带的厚重衣物较多，这就需要把箱子设计修改为有九个可调节的空间隔层的款式。"他回忆说。

经过数次修改后，这款在别人眼里已经十分完美的产品，在王海军眼中仍有许多地方有待改善。

有一次王海军去南方出差途中，碰巧遭遇一场大雨，鞋子被雨水浸透了。第二天还要赶往另一个地方，他在酒店里烦闷地看着一双潮湿的鞋子，心想怎么才能把它放进干燥的日用行李箱？他紧锁眉头，怎么能通过改变箱子的结构来解决专业人群类似的麻烦？行李箱内不方便放置体积大的潮湿物，那么，箱外还能做改动吗？王海军旋转着行李箱，打量着箱子的各个部件。要能单独放置物品，还要防水，而且要使用方便。终于，王海军想了个好主意，他采用延伸拉杆箱的功能，在其侧面设计了一个防水兜，以满足航空地勤兵在多种环境下的使用要求，能够做到取放便捷。

设计方案几经修改，多方调整，包括材质厚度、工艺设计等，终于无可挑剔。就这样，王海军匠心独具地为航空地勤兵设计了一款贴心的旅途伴侣：旅行路上，食物、电子产品、衣物、毛巾、鞋子等必备物品各有归处，这样特制的箱子得到了部队官兵的广泛好评。

对于王海军来说，每件产品都如同他的孩子，王海军竭尽心力地运用智慧去创造改进它们，让它们充满生命力，产品的每个细节里都表现出他深刻的情感意蕴。

三

多年做设计师的经历，让王海军养成了处处留心、时时留意的观察思考习惯。他在做好设计的同时，时常走进生产一线，一是看看做出来的产品质量怎么样，二是看看生产工艺有什么可以改进的地方。

2019年的一天，王海军走到生产辅助加工区域。这个区域的工人师傅需要提前把要加工的产品物料备好，如拉链、织带等，然后按需要的尺寸裁剪好，准备放入批量生产区域。他看到工人师傅们在费力地穿拉链头。因为包上的拉链长短不一，平时是需要先把一根长条拉链裁剪成单个包所需要的长度，再用手把拉链的一端劈开，然后再一手拿拉链，一手拿拉链头往上穿合。所以经常会出现拉链错位、要进行二次穿合的情况，比较浪费时间。有没有更好的办法能够快速地把拉链头穿上呢？是否可以用个简单的工具来装拉链头呢？

王海军找到公司设备部的于福威部长，向他提议要为穿拉链头进行工装设计。于部长听完他的建议后非常赞同，二人一拍即合，说干就干。王海军想到吃饭用的叉子的形状或许可用，于是画了一个长条柄连着三角尾的草图，如果机工做成这种结构，就可以把拉链头的拉头鼻夹在中间，拉链放在拉头上往前一送，拉链就可以穿上了。于部长依照草图进行加工，其间反复推敲、试验，经过三轮改进，最后采用不锈钢材质做模型，在中间用车床车出凹槽，然后将拉头鼻放入凹槽中固定，先用双手捏住拉链两边，把拉链掰开，然后往拉头内拉动拉链进行拉合——工装拉链头法就这样被发明出来了，这个小方法加快了穿拉链头的速度，提高了生产效率，降低了生产成本。

四

工人师傅在做高档皮包的时候，包上的拉链需要刷胶，需要将外面的皮料、拉链、内部的面料三者黏合，然后再缝制。用这种工艺做出来的皮包，表面平整，拉链顺滑，做工精美。

传统双面刷胶方法是人工使用胶壶刷胶。先在一面刷，等这面胶干以后，再给另一面刷。若捏胶壶时用力不均，胶嘴出来的胶厚度就不均匀，而且手工挤胶非常耗时。胶水有黏性，易挥发，时间长了会风干，怎样才能实现快速双面刷胶呢？

王海军带领同事李祝财按照计划进行改良双面刷胶技术实验。二人冥思苦想很久，尝试了各种方法。直到有一天，王海军在超市看到一个带有手柄的水桶，发现水桶的手柄与桶身相通。

⊙ 上图　2012年，王海军设计的牛津布拉杆箱
⊙ 下图　2021年，王海军设计的尼龙牛津布运动包

突然，一个想法在他的脑海中进现：在水桶的手柄中间开一个刚好适合拉链厚度和刷胶深度的缝隙，不就可以了吗？于是，他们在水桶的手柄上进行了多次试验，终于研制出"快速双面刷胶法"：在手柄旁边放置一个盛装胶水的小瓶子，把小瓶子放倒，适量的胶水流进手柄，再把拉链放进手柄，上下移动拉链，即可迅速均匀地双面上胶。

王海军说，在日常生活中，如果善于观察，勤于动脑，对一些物品进行小小的改造，就可能会给工作带来极大的便利。

五

朱熹曾说："敬业者，专心致志，以事其业也；乐群者，乐于取益，以辅其仁也。"

有一次，生产一线向技术部门反馈双肩背包的背带工艺烦琐，希望可以改进。背带工艺的传统方法是将两块布料反面缝纫，再手动把缝好的两块布料翻过来隐藏车线，然后向背带内手工填充EVA①衬或者是塑料泡沫，目的是让消费者背包时肩部舒适，没有勒肩的烦恼。几句话看似简单，其实，这几道工序很难操作。

为了快速实现背带工艺的改进，王海军组织设备部、技术部

---

① 乙烯-醋酸乙烯共聚物，是一种化学物质，广泛应用于多个领域。

⊙ 2019年6月，王海军（左）按照创新工作室的计划进行"自动翻转背带填充"技术试验

的相关人员集思广益，再把大家的意见汇总分析，最后确定方案：利用套钢圈的原理，底部用稍粗些的空心圆管，上面用细点儿的实心圆管，先将缝纫好的背带套在底部的粗圆钢管上，再使用细金属管从上至下将EVA衬插入背带内（采用电动设备），就可以实现自动翻过背带并填充的过程。这种自动翻转背带填充技术，为这个工序节省了约三分之二的时间，填充效果也比手工操作美观。

创意来源于实践，生活是灵感的源泉。这些来自生活实践的小小创意，使公司的生产效率大大提高，为企业创造了巨额的经济效益。而王海军能够持之以恒地把工匠精神作为个人成长的道德指引，做出许多工艺革新和技术改进，创造了巨大的经济效益。

对此，王海军认为，工匠精神是社会文明进步的重要标尺，是企业竞争发展的品牌资本，是追求卓越的创造精神、精益求精的品质精神、用户至上的服务精神。具体到工作中，就是爱岗敬业，把工作作为一种爱好，一丝不苟地完成整个工序的每个环节。

金猴皮具技术部在王海军的高效管理下，人员的分工更细致、更专业，他们都在默默地为公司、为社会生产出更多更精美的产品。

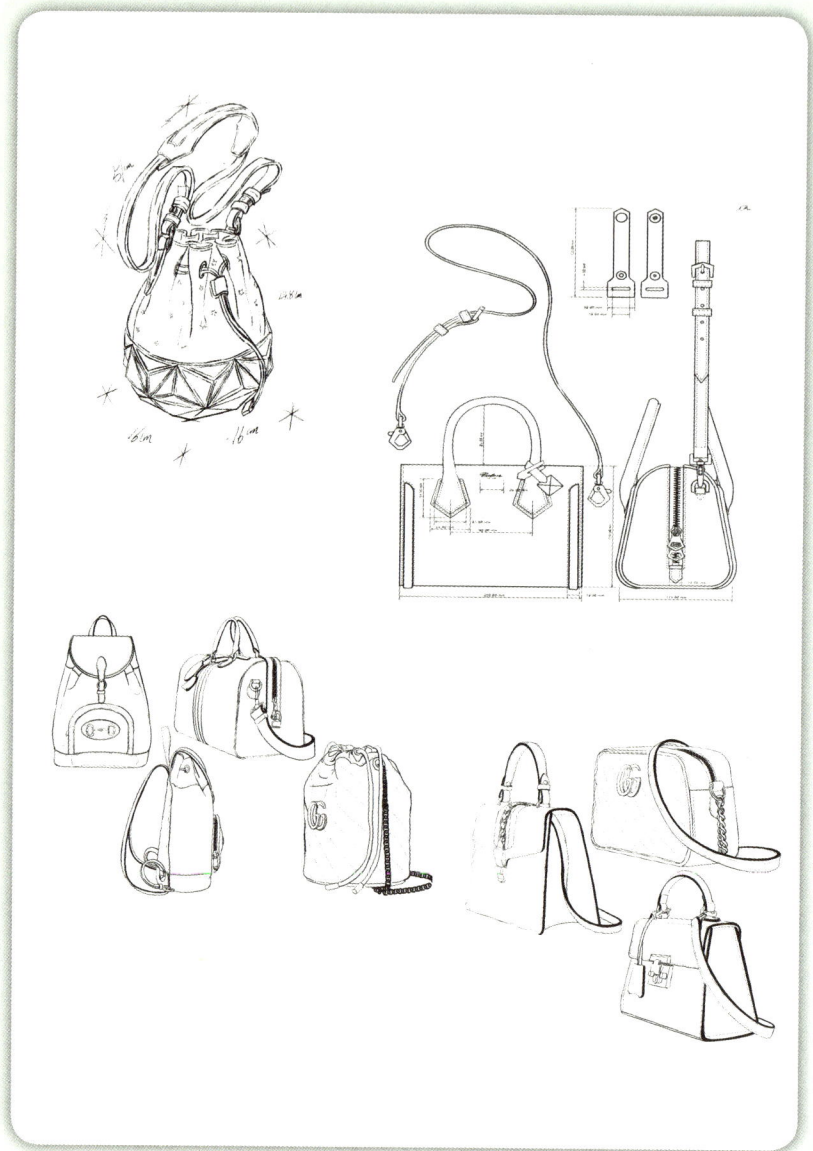

⊙ 2020—2021年王海军设计的各式皮包样稿

第五章　淡泊名利担使命

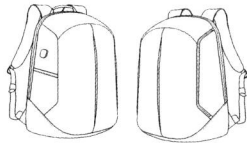

负重前行

一

王海军刚入职金猴集团时，宋丽娟师傅就曾跟这些新员工介绍过："我们金猴集团成立于1951年8月23日，与共和国共同成长。并在国家的支持下发展到今天，我们的档案管理室里至今还悬挂着1959年全国群英会上周恩来总理授予的锦旗，大红色的旗面上竖排着三列金黄色字迹：为把我国建成一个具有现代工业、现代农业和现代科学文化的伟大的社会主义国家而奋斗！"

金猴集团自成立以来，在皮具行业创造了许多辉煌的业绩，企业斩获的各项荣誉不计其数。目前下辖17个子公司，主要生产皮鞋、皮具、服装等产品，其中皮具产品成功打入IBM、戴尔、韩国三星等世界知名企业的外包装供应链；公司自主开发研制的"将官衣帽箱"已被中国人民解放军作为将军们的装备。2012年以来，集团连续跻身"中国制造业企业500强""中国民营企业

⊙ 1959年周恩来总理授予金猴集团的锦旗

500强""中国轻工100强企业"行列；企业综合实力位居中国皮革制品行业前三名；是全国同行业唯一拥有"金猴皮鞋""金猴皮具"两个"中国驰名商标"、两个"中国名牌"、两个"中国最具市场竞争力品牌"、两个"行业领先品牌"的企业。

为了实现"建百年企业，创世界名牌"的梦想，金猴集团要在质量与品牌上"内外兼修"，培养持久的竞争力。

金猴集团研究品牌，就是谋求将记忆碎片中最小的一片，打造成一个品牌符号，让人过目不忘。金猴集团取名的意图，也正是为了打造亲民品牌。人们说起"金猴"，自然会联想起《西游记》中机智灵敏、勇敢正义的美猴王形象，金猴集团也借着这个形象深入中国人的内心。

金猴集团研究质量，也研究产品，从20世纪现代箱包不断发展和完善的时期开始，随着人类活动内容、方式和范围的扩展更新，金猴集团的箱包产品品种和设计形式也在不断创新，逐渐形成了完善的体系。

人们对于某种商品的消费不仅仅是为了得到物质功用的实现，还是为了拥有这种商品后得到的一种心理上的满足和自我表现。于是，"文化"和"消费"这两个过去毫不相干的词在当代社会紧密地联系在一起了。

21世纪，消费者的审美眼光与品位不断提升，企业的创新创意生产愈显迫切。墨守成规、故步自封，都会导致企业发展滞后于快速变化的时尚的市场消费文化。

金猴集团的宗旨就是要用质朴的皮革，把以时尚为导向和重视品位的皮具产品推广到全世界消费者面前。

金猴集团胸怀普惠大众的夙愿，带领集团员工在万里迢迢的取经路上跋涉，以满足新时代各类消费者的日常需求。为了及时学习国内外知名品牌的设计理念和先进技术，并在企业内部推广普及创新理念、技术和工作方法，集团于2019年12月在创新技术中心设立"王海军创新工作室"，工作室由王海军带领李祝财、刘文、张晓、王晓丽等成员组成。

处于集团"机芯"地位的创新工作室成员，负责组织开展技术攻关、技能培训、管理创新、科学研究、学习交流等活动，加快科技成果转化，最大限度地引导广大职工提升技能水平，培养科技、生产、管理人才队伍，为公司的健康发展蓄力。

创新工作室制订了具体的工作计划和工作要求。工作计划主要有五个方面的内容：一是做经验交流工作。工作室成员每月至少召开一次交流会，促进成员间对技术问题进行讨论与经验交流，分享成员在各自岗位上的收获，提出解决遇到问题的办法。成员们相互学习、共同进步。二是做好新技术的推广工作。每个季度至少开展一次新技术推广活动。一种新技术试验成功后，要

⊙ 2019年12月，王海军创新工作室挂牌成立

积极地进入一线车间现场演示，对需要掌握该技术的员工进行手把手传授，并做好后续的技术检查支持工作。三是做好人才储备工作。工作室积极培养创新型人才，发挥人才的模范带头作用，提升公司综合技术水平，确保公司能够创新、持续发展。四是做好技术总结工作。工作室每个季度召开一次技术总结大会，总结新技术、新产品的推广及生产应用情况，确保新技术、新产品能够提高公司的生产效率，增加公司的收益。五是根据当前公司工作情况及存在问题，制订年度重点攻关计划、工作进度等。

创新工作室成员必须严格遵守各项制度，严格按照计划要求做好各项创新工作，努力完成工作室的各项任务安排，积极发挥工作室的模范带头作用，不断培养创新人才，充分发扬工作室的创新精神，促进创意产业链的运营。

二

工作室成立不久，王海军和李祝财依照计划设计研发携行具可调节背负系统。以往当携行具的传统背囊容量超过60升时，背囊的高度就会被内置物撑得较高，因为背囊的各部件不可调节，所以会出现背带勒肩、背负大容量物品时肩部不适等问题。为了解决这个问题，王海军、李祝财两人专门到青岛、威海的各大商场进行市场调研和考察，观摩产品，分析其他背囊的优缺点。回公司后，两人结合自己的构思开始设计，再点评对方作品的优劣，觉得可行之后，生产出样品进行试用，有缺陷之处，再调整，重新设计，讨论……如此反复，适用的可调节背负系统产生了。

背负系统采用"五带三装置"的结构，其中五带为肩带、腰带、胸带、肩部受力带、包底受力带；三装置为支撑装置、通风装置、调节装置。如若背囊贴合人体后背曲线，符合人体力学设计的话，就要添加背负支架，这涉及人体力学的专业知识，两人为此寻求了专业人士的指导。他们到哈尔滨工业大学威海分校，向大学教授请教力学方面的知识，听取教授分析受力、材料力学、结构力学等理论基础，依据专家的建议，研发出新款的"背负支架"，它由两条竖向的带有人体后背弧度的背部支架和一条结合人体头部弧度的顶部支架组成。

背负支架的材料选配也颇费周折。前期选用的是铝合金材料，但在试用时，发现材料板做薄了易变形，做厚了又增添不必要的重量。正在两人绞尽脑汁、愁眉不展之时，王海军听见有同事说起周日去钓鱼的事。王海军灵机一动，兴奋地从椅子上跳起来。一根细细的碳纤维鱼竿就能钓起一条十几斤重的大鱼，那么，用它来做支撑结构，岂不是也很好吗？王海军把设想告诉李祝财，二人喜出望外，立刻联系碳纤维工厂。他们参照厂家报来

⊙ 2019年4月，王海军（中间）与同事讨论如何研制背负式携行具

的受力和承重力数据制作支架模具。

背囊结合"五带三装置"，可以调节高度，并且使60的重量集中在了腰部，同时又解放了双手。

两人照例亲自对产品进行负重行走试用以验证背囊的实用性。他们在背囊内装入一定重量的物品，然后背上背囊在平道、山路上行走或奔跑。有时会感到肩部不适，有时又会觉得后背疼痛，每一次出现不适，就意味着设计中存在不足，于是两人就再次优化设计。试用、调整、设计，如此循环往复，直到让身高不等、体重各异的人在使用背囊时都感觉舒适为止。一个月后，他们不负众望，设计出可调节背负支架系统产品。在运动、远游、军事行动等体能消耗量大的活动中，可调节背负支架的优势凸显。

三

2019年起，王海军升任金猴皮具副总经理，分管公司技术。

不管身居何位，无论试验样品效能的过程有多麻烦，王海军总是欣然前往，亲自验证产品功能。

居住在高原、山区等地理环境中的人们，往往需要借用牲畜驮运物资。为满足这类人群的需要，2019年8月，王海军与刘文着手设计畜用携行具，即借助骡、马等牲畜携行、背负重物时使

⊙ 2017年5月，王海军（右）在技术部与同事研究畜用携行具的固定功能

用的行囊。

两位设计师都是首次设计此类产品。

王海军开玩笑地说："骡马不会说话，使用产品时哪里不舒服，不能告诉我们，这可怎么办呢？"

刘文爽朗地回答说："那就只好让我们自己'当牛做马'，效'犬马之劳'，去体验效果啦。"

谈笑风生中两人展开稿纸，描绘起图案。前期，他们设计了常见的结构，将两块布料中间夹入海绵，两个侧面缝上兜子，将物品放在兜子里，再在底部缝上肚带。

样品做好后，王海军和刘文到跑马场借用马匹试验样品性能。马匹高大，驮运着重物在平坦的道路上能稳稳地行走，但在斜坡路上样品却发生了侧翻。

王海军二人为弄清楚原因，向资深的驯马师请教。

驯马师抚摸着马匹，说道："骡马虽然不会说话，但也有它们的感觉和反应。你们看，我们平时骑马，马鞍底下要垫一层汗屉，如果没有汗屉，一方面马鞍会弄疼马匹，另一方面马鞍也容易打滑。"

"骡马驮东西时，如果两边受力不均衡，它会感觉到某个地方疼痛，所以一定要有汗屉。我建议你们借鉴马鞍子原理。你看人那么沉，都能坐在马上奔跑。"驯马师回答道。

刘文提出自己的疑问："骡马驮东西要注意些什么呢？"

"南方老辈人用牛马驮货物，不都是一边放一个筐吗，那肯定要讲求平衡的。"

听完驯马师的话，王海军与刘文受到启发。他们结合传统的马鞍，保留马鞍底部的设计，对上面的部分进行改造，做成驮行支架，而两边做成不锈钢板框，利用钢板激光冲孔工艺减轻板框重量，同时具备防盐雾和防雨淋的功能。另外，将登山钩与织带相搭配，装取物品时更加快速、方便。

样品制成后，两人来到山区，让骡马试用携行具背负物品，无论是走比较平坦的大路，还是走泥泞、崎岖的山路，畜用携行具都圆满地完成了驮运任务。

就这样，创新工作室一次次攻坚克难，一直不断为其他领域设计产品，造福社会。

四

2019年，在中华人民共和国成立70周年的阅兵庆典活动中，女兵们身着玫瑰红短裙，手握钢枪，笔挺的腰间系着醒目的纯白色牛皮宽腰带。方队如绽放的玫瑰，英姿飒爽的气场提振着国民的士气，成为阅兵庆典中亮丽的风景线。女兵们腰间扎束的精美腰带正是由北京服装学院与金猴集团联合研发、设计的，王海军

⊙ 在中华人民共和国成立70周年阅兵商务服务中，王海军被评为"先进个人"

也参与了工艺设计。

2020年，新冠疫情来袭。北京一家医药公司联系金猴集团领导，请求帮忙设计生产一次性隔离衣。这是一场速度与生命的较量。王海军接到任务，便不舍昼夜地设计出样品，他采用无纺布做衣料，吩咐车间员工加急生产。王海军每天凌晨两三点回家，清早又赶回公司，其间频繁地到车间督促大货进度。20多天后，生产线上的员工们赶制出150万件隔离衣。医护人员穿上柔韧防护的外衣，救治新冠患者时亦能减轻几分精神与心理压力。王海军等人在医者背后默默地充当着分担危难的逆行者。

2020年9月，王海军与王晓丽二人启动研制森林消防携行具——集成式灭火背架的工作。

森林火灾的燃烧范围大，火势蔓延迅速，再加上森林地带地形复杂、风向不稳定等多重因素，致使消防员的灭火行动举步维艰，风险极大，有时甚至会付出生命的代价。这种情况下，消防设备性能的重要性不言而喻。

产品需要在满足使用功能的前提下，尽可能地提升舒适度，减轻重量。背架每减轻100克，对于执行紧急任务的消防员来说，就意味着减少一分负担，特别是在需要翻山越岭的时候。

技术部门以前做过的灭火背架是镂空尼龙塑料式的。王海军与王晓丽在原样式的基础上增加了支撑结构。新式集成式灭火背架主要包括塑料背架、肩垫、腰垫、侧腰包、前袋、上袋，要求口袋容量大，可用于装取单兵装备和生活用品。别具匠心的是，新式背架依据人体工程学原理设计，腰垫和肩垫位置均可根据身高调节高度，提升了舒适度。

样品出炉后，王海军与王晓丽去消防部门试验产品功能。他们"乔装"成消防员，亲自背负灭火背架，模拟演练取物、喷雾、洒水等流程。经过多轮试验与设计调整，产品具有了阻燃、耐磨、防水、轻便等优点，验证无误的产品终于配发。这是他们为消防部门制作的一份珍贵的礼物。

创新工作室的成员忧国奉公。他们研发的产品加工难度大，品质卓越，对于国家重大项目的产品，他们更是精益求精。王海军为自己所属的企业能拥有深厚的历史文化底蕴、能承载振兴国家的使命感到自豪和骄傲。

王海军说："集团领导一直都能大力支持员工创新，企业内部也拥有着一股强大的凝聚力。当我工作中出现错误时，领导会把我单独叫到办公室，和我一起分析原因，查找不足，还总是安慰我说做技术的不要怕失败，在哪里跌倒就在哪里站起来！"

五

皮革行业有时会举办技术交流会和培训会，集团领导们常鼓

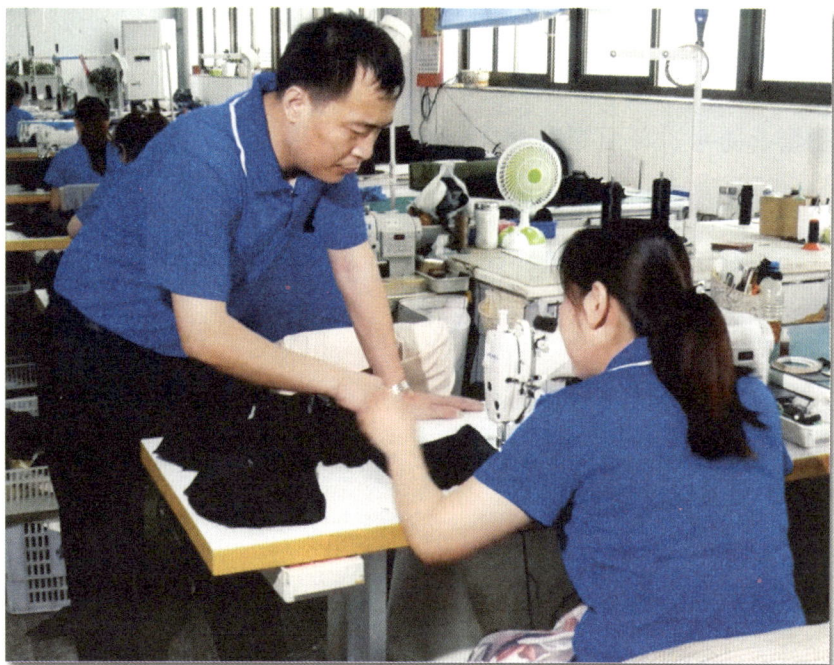

⊙ 2020年7月，王海军（左）在技术部试制车间与同事讨论缝制方法

励企业技术员工去参加，他们说："技术人员要多走出去，看看外面的世界，学习他人的长处。"

技术学习永无止境，专业知识的积累同样不容忽视。箱包的原材料就是一门必修课程。每一种材料都有自己的表现与情感。每款箱包的设计，只有以适合的材料作为"面容"，才能散发出内在的气质，随主人一同承受岁月的打磨与洗礼。

制包材料众多，各国均使用自己特有的材料制作具有本民族特色的包，但历史最久、应用最广的仍首推皮革和织物。20世纪前十年，特别流行采用有异国色彩的材料（如袋鼠皮、鳄鱼皮、蛇皮等）制作提包。20世纪中叶，随着化学工业的发展，皮革代用材料——人造革开始在皮件工业中得到应用，这使皮件制品的外形和款式更加多样化，制作工艺更加简单。

20世纪末，中国市场上常见的材料有：纺织材料，如帆布、尼龙、丝绸等；皮革材料，如牛皮、羊皮、猪皮、鳄鱼皮；合成材料，如聚氨酯、聚苯乙烯等。每种材料都有其特质，设计师们根据箱包的类型和用途选材。以使用最广泛的牛皮为例，六个月以内的小牛皮纤维细致，质量最好；一年以内的小牛皮制成的皮革厚度为1毫米至3毫米；三年以上的成牛皮的纹路粗，制成的皮革厚度为5毫米至7毫米。由此可见，即使同种材料的性质都有所区别，何况不同材料。

⊙ 2022年5月，王海军（左二）与同事讨论携行具的研发及制作

21世纪以来，制包材料推陈出新，类型越发丰富。王海军与多家材料商均保持着密切的联系，以及时准确地掌握最新材料的资讯。譬如王海军曾为了设计一款轻便的作战包，选用了少见的碳纤维材料，充分满足了客户对背包轻便耐用的高要求。

创新工作室为保护生态环境，大力推行"绿色生产"理念，重视环保材料的研发，如生产的南方电网工作包，就采用了安全健康的涤纶短纤涂层帆布。

六

服务过军事、消防部门后，金猴皮具技术部的项目进一步拓展到了国家体育运动领域。

步枪运动员必备的射击服是根据运动员的个人情况专门定制的。因为对射击服的技术要求很高，所以国家射击队之前一直从国外进口服装。为了突破技术关卡，2022年8月，北京服装学院与金猴集团联合开展射击比赛装备的研发工作。

金猴集团与北京服装学院联合选派近10名不同领域的骨干技术人员，研发生产装备。北京服装学院主攻设计服装款式，金猴集团的4名技术人员主要负责工艺设计，王海军代表创新工作室参与制作。

王海军说："射击服装需要有一定的硬度与强度，这样才能起到长时间的固定作用，以支撑运动员的身体，有利于运动员控制放松肌肉，做出精准射击动作。"

研发过程中，北京服装学院技术团队多次到国家射击队及多个省队实地调研，和队员们反复交流，了解射击比赛的特点、人体表现的技巧、现有比赛服装的不足，并使用专业设备对运动员个人的体型、身体部位尺寸及动作姿势特征等信息进行全面细致的整理，形成三维加运动动态板型。研发团队依据精确的数据，选择特制的帆布和牛皮作为服装主材料，经过多次测试，服装在厚度、回弹等方面的参数值上表现突出。此外，射击运动员的装备还融入了中国传统元素，彰显了中华文化自信。

除此之外，金猴集团还研制了耐磨支撑橡胶片、特选皮料及各种辅料等，并跟踪调查运动员训练效果，在试用的过程中不断完善服装材料、板型和工艺方案，确保服装结构与功能适应运动要求，助力射击队员发挥出最佳水平。

2023年7月30日，第31届世界大学生夏季运动会上，男子50米气步枪三姿团体比赛中，穿着国产射击服的三名运动员夺得了大运会的首枚金牌。

王海军愉快地说："我们还设计开发了射击鞋、射击手套，通过系统化研发，全面服务运动员，目前已取得阶段性成果。"

随着产品技术走向成熟，王海军相信金猴集团制造的产品将会在更多的国际赛事上逐步替代国外进口产品，展示国家形象，彰显国家地位。

七

智能时代，人们的生活习惯正在迅速改变，对日常用品的功能也随之提出了相应的要求。专业人群的箱包功能需求远远超过了携带物品的基本功用。金猴集团王海军创新工作室成员运用创新思维改进现有工艺，设计出许多与时俱进的高科技箱包系列产品。

目前，王海军正在研发一款名为"轻跃万重山"的高级背包。背囊由五大部分组成，由内向外依次为背负系统、定位通话系统、外支架、背囊、LED显示器，五部分各具设计理念。

居于主要造型区域的背负系统采用的是一实一虚的设计方案，其两侧充实，中间留有可透气的部分，这一方面可以起到通风、减少背部积汗的功用；另一方面也可以减少背囊对背部的摩擦。

与背负系统相连的是定位通话系统，固定在肩部。之所以设计在肩部，是因为王海军注意到，旅行者徒步或攀登时经常手握拄杖，而手机又是出行时不可或缺的联络装置，怎样才能将手从通信设备中解放出来？几番探究，便发明了肩部通话系统。这个装置具有实时定位、一键报警等功能，而且具有一定的防水性能，尽可能全方位地保护使用者。

这款产品最重要的部位是隐藏于中间的外支架，它连通背囊的五部分，也体现出设计的闪光点。当背囊塞满物品，重量可想而知。负重前行不适合长途旅行者，王海军等人精心设计之后，让外支架通过反弹力减轻背囊重量，巧妙的设计正契合背包名字中的"轻跃"二字。

背囊紧贴着支架。背囊的面料、拉链都采用防雨材料，裸露在外面的接缝处采用电压新技术，做到无缝衔接，更好地保证了防雨性能。同时，王海军也考虑到，背囊的主要用途在于填充足量物品，因而，他们特意将拉链做得偏长，以方便使用。

最外部是LED显示器。如果把背负系统比作植物的根，外支架比作茎干，那么LED便是花苞。远远望去，LED光彩熠熠，耀眼夺目，显示屏里面的内容可随时随地DIY，使用者可以随心所欲地展示出自己的特色，瞬间让自己成为人群中的主角。

八

尽管工作室已经设计出许多让人叹服的经典箱包，但王海军知道，山外有山，人外有人，世界上许多知名品牌一直在设计路上不断前行。

　　世界知名品牌一方面标榜着独一无二的经营理念，另一方面那些顶级皮具已经远远超越了其基本功能，超越了其原有的价值，于巅峰处演绎着更复杂的美感与文明。

　　金猴集团以创新工作室为基地，以卓尔不群的经营方案面对挑战。他们将创意的灵感源泉放在了对文化的积淀和对现代时尚元素的敏锐把握上。工作室借鉴西方自由大胆的设计理念和创意以及天然的优质皮料，坚定地走在流行趋势的前沿，不断满足消费者的新需求，用最佳的生产工艺，锻造出精致、时尚的系列精品，让消费者在奢华与简洁、休闲与正式之间自由把握。

　　王海军和创新工作室成员齐心协力、呕心沥血地钻研技术，不图回报，只求技艺愈加精湛。他先后获得1项发明专利、19项实用新型专利、1项外观专利、15项荣誉称号。王海军不负众望，以军人般的钢铁意志，当仁不让地"负重前行"在中国制造的振兴路上。他与金猴集团共同成长，见证了金猴集团的迅速发展。

　　20多年来，集团综合实力不断增强，金猴品牌日渐具有了国际化的竞争力。企业的生产、加工、销售模式都发生了变化，生产智能化设备增多。现在技术部主要使用箱包CAD电脑割板软件，这个软件帮助箱包制板师简化了制板方面的手工操作步骤。软件打板在刀模纸格复制、纸格资料管理（包括保存、查询、更改）、纸格数据的采集（包括面积、编号、刀模周长等）等方面具有快捷、准确的优势。这些制作过程被做成一个特定功能的工具，使用时比手工出格打板省时省力，提高了制板速度和效率。但是在私人订制方面仍保留了传统的工艺，工艺设计师不因设备的更新而丢弃自己的手艺，才能更好地借助软件为自己服务。王海军清楚，金猴集团距离世界名牌企业还存在一定差距。为了金猴集团的持续发展，王海军立志坚守创新基地，生命不止，奋斗不息！

荣誉之外的执着

经过童年的设计师之梦、青春时期执着的专业选择、大学时代专业素养的深造，王海军跨入心仪的金猴集团，进车间实习，扎根技术部，先后担任技术部副部长、技术部部长，直至金猴皮具副总经理。王海军的人生履历刻画出一条简明且厚重的单行线。

王海军的大学同学，也是金猴集团的同事赵鹏经常和身边的人聊起老同学鲜为人知的往事："大学时，我们在同一寝室，睡上下铺。那时，王海军学习非常勤奋，拿过学校的奖学金。秦德清老师说他有天赋，时常拿他的作品当示范，让同学点评。记得设计毕业作品时，王海军白天到即墨路材料市场寻选材料，晚上回到宿舍思考设计方案。斟酌再三，最后他做了一套深灰色男士西服套装，面料隐含暗格条纹。每个部位都需要对格，这无疑增加了裁剪缝纫的难度，况且学生对缝纫机器不是那么熟练。为了达到预期效果，王海军精心裁剪，反复练习机器，最后整套衣服的所有暗格一致对齐，实现了明暗交错、冷静豁达的视觉效果。作品不落窠臼！"

可以说，王海军这种认真严谨的风格在工作中也践行得淋漓尽致。他不断升华技艺的高度和生命的意义。儿时的天真梦想，历经职场淬炼，在企业的感召下，演变成报效祖国、振兴祖国的伟大梦想。

"我能改变什么？我能为他人做些什么？"这种观念已经成为王海军一种朴实的人生观。他的每一件产品中都浸润着王海军的心血与情感，是完善主人事业与生活的"无名功臣"。从第一次独立设计，到带领创新工作室开拓项目，这种思想持久酝酿，飘逸出醇厚的芳香。

王海军数年来屡创佳品，业绩辉煌。

2020年11月，王海军荣获山东省轻纺行业全员创新竞赛创新

⊙ 2020年12月，王海军荣获"齐鲁工匠"称号

优秀职工奖；同年12月，山东省总工会公布王海军为第三届"齐鲁工匠"；2021年11月，威海市人力资源和社会保障局授予王海军同志"威海市有突出贡献的技师"荣誉称号；同年12月，山东省总工会授予王海军同志山东省五一劳动奖章。

2022年4月，鉴于王海军为国家做出的杰出贡献，中华全国总工会决定授予王海军同志全国五一劳动奖章。70岁的宋丽娟师傅听说后也打电话祝贺王海军，可王海军却十分谦虚，一直感激公司和老师傅们的栽培和教导。受疫情影响，他不能去北京人民大会堂参加全国五一劳动奖表彰大会，便由威海市总工会领导亲临公司为他颁奖。

王海军激动地接过奖章和证书，在自己成长起来的公司办公室，微昂着头，用家乡话发表感言："我会把表彰作为鞭策，把荣誉化为力量。往后要以高度的主人翁精神，默默地奉献光和热，抱着务实认真的工作态度，埋头苦干，敬业爱岗，勤勤恳恳地做好本职工作。工作要勤奋，有责任心。因为勤奋能够提高生产效率，如古人所说的'多一分耕耘，多一分收获'，而有了责任心，工作就会认真细致，避免出现差错。今后我会更加努力地工作，并不断学习，提升自己的工作技能，用实际行动为公司的发展尽自己的绵薄之力。"

两个月后，金猴集团技术部门员工聚会。餐桌上有位北京服

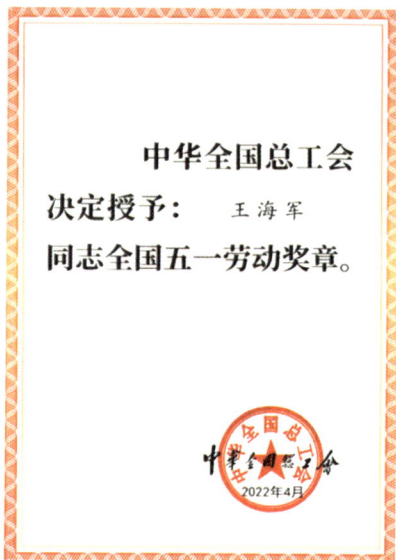

- 右图 2022年4月，中华全国总工会决定授予王海军同志全国五一劳动奖章
- 下图 2022年4月，王海军在公司领取全国五一劳动奖章

中华全国总工会
决定授予：　王海军
同志全国五一劳动奖章。

2022年4月

装学院毕业的学生新进公司，大家不禁回想起自己刚参加工作时的情景。王海军的师姐，现任技术部部长的姜玲，说起王海军第一次进车间实习裁剪毛料的事情，提到两位初出茅庐的"毛孩子"，大家不禁开怀大笑。

稚嫩的"毛孩子"，跨过世纪的流年，饱经风霜，早已蜕变为皮具行业的"巨人"！

获得全国五一劳动奖章的王海军在业内声名远播。可他无心名利，非但没有坐享其成，反而更加醉心于钻研技艺。他的工作台上有序地摆放着一沓稿纸、画笔、长短不一的钢尺、圆规、弹簧纱剪刀、螺丝刀、压样板的黑色钢块、工作室自制的弧度角……他一如既往地钻研技术，传承师德，把本领倾囊传授给同事和爱徒。

徒弟矫庆华这样形容他的师傅王海军："师傅是个对毫厘'斤斤计较'的人，他对每个细节和精致度都严格把关，我跟着师傅实习时，早晨来上班，就能看到方桌上放着师傅前一晚加班标注过的板样，上面密密麻麻地写满修改意见。"

"有一次，师傅建议我把手提包的一处直线改成弧线，会更美观。师傅的指导让我瞬间有种豁然开朗的感觉。工作时，我始终谨记师傅的教诲——分毫之差决定着产品的品质甚至成败。"

王海军对自己和徒弟的作品，坚持不懈地"寸量铢称"，计

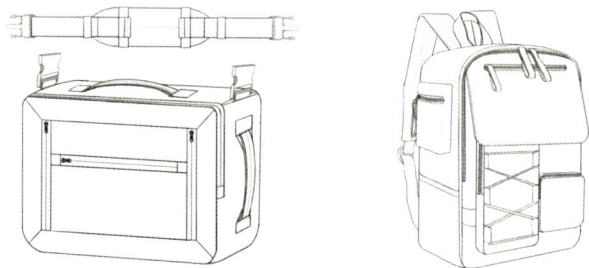

⊙ 2022年王海军设计的牛津布商务背包

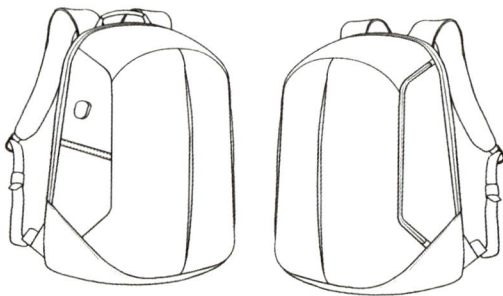

⊙ 2022年王海军设计的环保牛津布商务背包

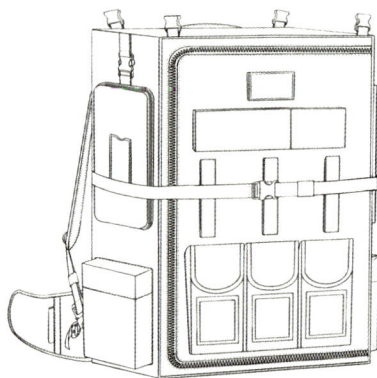

⊙ 2023年王海军设计的尼龙牛津布多模块携行包

较着产品的各项指标、毫厘之间的精准呈现，更注意产品的功能与品质。产品的实用与美观，是设计师对用户最真挚的承诺。他紧跟时尚潮流，不断创新工艺与理念，追求产品的至善至美，让各类客户都能得偿所愿。

加入金猴集团以来8000多个日夜，曾面对数不胜数的困难与挑战，王海军是如何保持创造力的呢？他的经验是培养好奇心，保持开放的心态，培养自信心。

他时常对徒弟们说："好奇心是创造力的源泉之一。只有对周围的世界充满好奇，才能不断发现新的问题和挑战。因此，我会不断尝试去探索未知的领域，去发现新事物，并且不断地提出问题，寻找答案。在这个过程中，阅读、旅行、交流等都是获取新的知识和体验的好方法，都能丰富自己的见识和思维。"

"要想拥有创造力，就必须保持开放的心态。这意味着要不断地接受新的想法和观点，尊重他人的意见，并且愿意接受不同的思维方式。只有这样，才能够打破自己的思维定式，产生新的创意。同时，开放的心态也能够促进团队合作和创新，让团队成员们能够更好地协作，共同创造出更有价值的成果。"

"创造力需要自信心的支持。只有自信的人才敢于尝试新的事物，勇于面对挑战。因此，我会积极地肯定自己的优点和长处，同时也接受自己的不足之处，并且不断地努力改进。在这个

⊙ 2023年11月，王海军在技术中心查看皮雕产品的制作效果

过程中，可以通过学习和实践来提高自己的技能和能力，增强自信心。"

人生是一场旅行。人们行色匆匆，风尘仆仆，手提包、背包、行李箱是生活中必不可少的伴侣。而王海军则遨游在美好的箱包宇宙中，探索与创造着美与爱的经典图式，它们沉稳、冷静、动感、活泼、率性，富有激情……

他的箱包设计理念包罗万象，绵绵不绝，宗旨是简约实用。

在金猴皮具技术中心办公室内，王海军身着深蓝色的职业装，独处静思，灵感涌现。他俯首案台，时而勾勒图案，托腮沉思，时而拨弄工具，参考样品，神态如儿时临摹父亲为他买的年画般赤诚。

王海军淡然地说："每次设计产品，看到出来的成品和自己想象的效果一致，内心就很喜悦。我想在有限的时间里做更多有意义的工作。青草破土而出，柳枝翩翩起舞，花谢花开，我们有何理由不珍惜每个日升月落的日子，活出自我？"

这与二十多年前他刚加入技术部门时许下的心愿如出一辙。无论外界多么浮躁与喧嚣，不为外物所扰，坚守自己的理想；安于一隅，专心致志，潜心钻研，自得其乐。

王海军从故乡的麦田走出半生，归来时仍是设计艺术的执着守望者！